身体とメディア

BODY AND MEDIA

清水　義和

赤塚　麻里

清水　杏奴

著

文化書房博文社

序にかえて　太宰治の『冬の花火』　寺山修司と青森

　太宰治は1945年三鷹、甲府から疎開先の津軽に妻子を連れ四日昼夜かけて帰郷し終戦を迎えた。太宰は戯曲『冬の花火』(1946)で自分の境遇に似た数枝親子を描いている。劇中清蔵が数枝をレイプしかけるが、実はかつて清蔵は数枝の繼母あさをレイプした事が分かり所謂性のタブーをドラマ化したのである。

　寺山修司は太宰が書いた津軽を舞台にした『冬の花火』から深い影響を受けた。寺山は三島由紀夫との対談「エロスは低抗の拠点になり得るか」(1970)で「母親と寝る男って、どうしていけないのですか？」と問い「青森だってやってますよ」と親子の性関係を肯定した発言をしている。さて、太宰は『津軽通信』(1946)所収の「嘘」の中に、納屋に隠れた夫の眼の前で妻が他の男に横恋慕する場面を書いた。この小説の状況設定は『冬の花火』と相似形を成している。寺山はこのテーマと似たラジオドラマ『犬神』など幾つも創作している。

　寺山が日本テレビドラマに書いた『田園に死す』(1962)では妻が夫を殺して故郷に止まり愛人の青年は独り上京する。だが、その映画版では化鳥と嵐が恐山で心中する場面に変わり青年は独りで上京する。この原型は『冬の花火』にある。数枝は清蔵が繼母あさをレイプしたことを知り、あさは死にたいと叫ぶ。その後数枝は津軽を捨て単身上京する。

　寺山が制作した映画『田園に死す』のラストシーンで母と子が食卓を囲んでいるのを見ていると、寺山は太宰が自殺を考えていた場面を化鳥と嵐の心中に表わし、寺山自身は不治の病を抱えながら上京して母子と一緒に生きたいと願っている場面にしているのが見えてくる。

　太宰が『津軽』や『津軽通信』で描いた家族像を寺山は、しばしば自分の

芝居にモデルとして使って創作したようだ。長兄と太宰の関係は、寺山の遺作となった映画『さらば箱舟』の中の大吉と捨吉の関係に繋がっている。大吉だけが時計を持っており捨吉が時計を盗んで殺される設定は太宰の家族像を想い起させる。

『津軽』では太宰の母の不在が描かれ、女中のたけが育ての母として描かれている。寺山の『身毒丸』では継母撫子がしんとくの育ての親となって登場する。

『津軽地方とチェーホフ』の中で、太宰は津軽がチェーホフ的だと言っている。太宰が『冬の花火』に書き込んだデカダンスはチェーホフの白鳥の歌『桜の園』にアポカルプシスを見たからかも知れない。『冬の花火』の季節はずれの花火は、寺山の短歌「マッチ擦るつかのま海に霧ふかし身捨つるほどの祖国はありや」の原風景であるかもしれない。

太宰は「無頼派」（リベルタン）を標榜したが、寺山は映画『無頼漢』で、政治よりも母子の関係を重視した。これは、太宰が『冬の花火』で言う政治よりもアナーキーを尊んだ傾向と繋がっているのではないだろうか。

寺山は『誰か故郷を想はざる』の副題に「自叙伝らしくなく」と付けたエッセイの中で、母が幼い寺山は「汽車のなかでうまれたから、出生地があいまいなのだ」と書いている。また寺山は絶筆「私の墓は、私のことばであれば、充分」と言って、墓が象徴する故郷が無い事を著した。このコンセプトは太宰のアナーキー思想と繋がっているのではないだろうか。これはまたチェーホフの家や国家の崩壊を表わしているのではないだろうか。

『桜の園』の幕切れで従僕のフィールスが過去の亡霊の様に屋敷に独り閉じ込められる。この閉じ込められたシーンは寺山の劇『レミング—壁抜け男』の幕切れで劇場を完全暗転にして釘打つ音が聞こえてくるシーンと繋がっている。

また、寺山の芝居『奴婢訓』の主人が不在の屋敷は太宰の生家を彷彿させる。『奴婢訓』の幕切れはチェーホフの『桜の園』の幕切れで閉ざされた屋敷を思い出させ、がらんとした巨大な斜陽館を思い出させてくれる。

太宰の小説『斜陽』では、愛人の作家をMC（マイチェーホフ）と呼んでいる。MCは『冬の花火』にあるチェーホフの『桜の園』が彷彿とさせる。

　太宰は流麗で優雅な文体で書き綴ったが、寺山は、その流麗な艶やかさを削ぎ落してしまった。そのような寺山の文体は、マルセル・デュシャンの『大ガラス』の機械装置の影響から生れたのであった。

2016年2月20日

清水　義和

目　次

序にかえて　太宰治の『冬の花火』　寺山修司と青森……………………i

1　『ピグマリオン』と『マイ・フェア・レディ』のプロソディ研究
　　（赤塚麻里）………………………………………………………………1

2　サン＝テグジュペリと寺山修司の『星の王子さま』にみるドゥーブル
　　（清水杏奴）………………………………………………………………29

3　馬場駿吉の「不易流行」と天野天街の『トワイライツ』に於ける
　　不死の世界（清水義和）…………………………………………………45

4　馬場駿吉の「身体論」と寺山修司のマリオネット「狂人教育」
　　（清水義和・赤塚麻里）…………………………………………………67

5　馬場駿吉と天野天街－市街劇：『地球空洞説』から『レミング』
　　まで（清水義和）………………………………………………………107

6　寺山修司の『まんだら』と天野天街の『トワイライツ』に於ける
　　不死の世界（清水義和）………………………………………………125

7　寺山修司の『狂人教育』草稿（清水義和）…………………………143

8　馬場駿吉の身体論と寺山修司の『花札伝綺』と天野天街の
　　『真夜中の弥次さん喜多さん』（清水義和・清水杏奴）……………161

1 『ピグマリオン』と『マイ・フェア・レディ』のプロソディ研究

赤塚 麻里

まえおき

　1910年、ウオリック・メイジャー一座が英国から来日し横浜ゲーテ座で日本初のショー作『分からぬもんですよ』を公演した。その後、森鴎外や坪内逍遥らの訳でショー劇を上演、挙ってフェヴィアン社会主義を咀嚼したが、黎明期の日本には馴染まなかった。

　1960年代、欧米でショーの再評価がされ、コリン・ウィルソンが『バーナード・ショー』、『アウトサイダー』、『オカルト』でショーの至高体験を解明し、「ショーとプルーストは二十世紀を代表する作家だ」と来日講演した。

　日本が戦後、民主主義時代に入り、安西徹雄は『ピグマリオン』を『マイ・フェア・レディー・イライザ』と改め、女性が自立する眼で演出した。

　ショーの最高傑作である『ピグマリオン』に登場するヒギンズは、19世紀の音声学者ヘンリー・スウィートがモデルとされる。当時ヨーロッパは国家へと邁進するなか、法を整え言葉を音声記号の下に統一しようという動きがあった。そして、アナーキスティックで豊かな言葉を音声記号の中に閉じこめようとした。

　さて、ヒギンズはピッカリング大佐と、醜悪なイライザをコヴェント・ガーデンの市場から拾い、貴婦人に変身させる賭けをした。そのイライザは跳ね返りのじゃじゃ馬で、ヒギンズは飼い馴らすのにてこずるのだが、イライザはヒギンズの厳しい鍛錬に耐え、標準英語を話すようになる。もともとイライザはヒギンズの賭けに同意したのではない。それで忽ち「自分は何者なのか」と悩み始める。

イライザはロボットのように蓄音機から流れる録音音声を覚えていくのだが、芯まで冷酷無比な機械になったわけではない。イライザがヒギンズからコックニー訛りを捨てるように求められたとき、心のなかで悪と善が拮抗し弱気になったからである。イライザがヒギンズに抗う生命力は、犬や鳥のみならず森羅万象やフリークスの不気味な兆候さえ胎でいた。

そのようなイライザに対し、ヒギンズは近代科学から誕生した音声学を用いて彼女の浅ましい生活を侮辱し、貧民街のおぞましい訛りを根絶しようとした。ヒギンズは独身主義者で、執事や家政婦を雇い、イライザを囲い、物扱いし、自分好みの人形に調教した。しかし、イライザは善と悪を併せもつ生命力を発揮し、ヒギンズの抑圧を跳ね返すのである。

ヘンリー・メイヒューの『ロンドン路地裏の生活誌』では、貧民街の花売り娘は鶏スープの匂いだけ嗅いで食欲を満たし、ボロ着のまま宿にも不自由したと綴っている。

一方、イライザの父ドゥーリトル（Do little）は、娘をキャベツか花のようにヒギンズに売りつける。ドゥーリトルはシェイクスピア劇にお馴染の道化フォルスタッフさながらであるが、ジョン・スパークスが『ごみ集め車の意見』で描いた現実のごみ収集人と少しも似ていない。このような生活と家庭環境の中でイライザの生命力は養われたのであろう。

半年かけてイライザは標準英語を覚え、バッキンガム宮殿で開かれる舞踏会で話し方のテストを受けることになる。元来、英国には人気の高いクリスマス・パントマイムがある。そこでは、シンデレラが魔法で下女から王女に変身し城で王子と踊るのだ。イライザの場合はヒギンズのレッスンによりレディーそっくりの人形に変身しバッキンガム宮殿で王子と踊る。その舞踏会では、インチキ音声学者ネポマックがイライザに茶番な絶賛を浴びせかけ、ハンガリーの王女だと決めにかかる。その称賛により公爵夫人のお染付きを得る。

こうして、イライザは舞踏会で貴婦人として成功するのだが、ヒギンズは相変わらず彼女の人権を認めない。とうとう、イライザはウィンポールスト

リートの実験室を出てしまうのである。

　大人は善悪を判断する際に、スポーツや交通ルールと同じ尺度で決めかねない。しかし、まだ善悪の見境がつかない子供は、大人の判断に従うとは限らない。イライザは訓練の結果、人工的に英語が上手くなるのだが、下町育ちの無作法が心の底に残り煩悶する。標準英語の旨さではイライザはヒギンズに太刀打ちできないのだが、彼女は、貧民街の訛りで喋ることでヒギンズを一杯食わせる。挙句の果てにヒギンズの教え子だったネポマックの弟子になると宣言し、独立して音声学を教えることで、イライザに想いを寄せるフレディを養うと豪語する。

　1960年代のイギリス映画では、可笑しなことに召使いが中流階級の英語で話している。今日、俳優は階級に合わせ下町訛りの英語を喋るように変わった。元来ヒギンズの考え方は大英帝国時代の道徳観であり偏見にすぎなかったためイライザから自分の偏ったマナーを指摘されると忽ち負かされるのである。

　女性の職場が少なかったヴィクトリア朝時代に、イライザの相談に乗るのはヒギンズの母である。ヒギンズ夫人はジェーン・モリスがモデルであるとされる。ジェーンの母は極貧の生活を送ったが、美貌なジェーンはウィリアム・モリスと結婚して審美眼を磨き、ロセッティやバーン＝ジョーンズの絵のモデルになった。このようなヒギンズ夫人のもとでイライザは職業婦人として自立した。

　ところで、ショーが模範としたイプセンの『人形の家』ではノラが偽証罪で訴えられる。ノラを苦しめるのは、法が善であり法を犯すのは悪であるという考えである。ノラは悪と知りつつ夫の命を救うため本能的に偽証する。しかし、ノラは夫から罪人呼ばわりされると家を出る。ノラの行為は善と悪を抱えた行動であった。ノラは法と道徳に縛られた女性が善と悪を越えて自立する決断は、イライザの先駆けとなった。

　半世紀前イライザがヒギンズの実験室を飛び出すには悲愴な覚悟があった。ヒギンズはイライザがうっかりコックニーを喋ると、ルール違反だと叱責す

るのだが、今やイライザは標準英語とコックニーを話すバイリンガルである。だからこそイライザは旧弊なヒギンズを乗り越え、女性の自立を果たしたと言っても過言ではない。

　明治時代、幸徳秋水や堺利彦や坪内逍遙がこぞってショーの作品を翻訳した。やがてショーに独特の世界観があることが証明されたのは、コリン・ウイルソン著書『バーナード・ショー』、『アウトサイダー』、『オカルト』で、心の間歇を指摘したことであった。生命力とは、間欠泉のように善と悪を越えた心の間歇を表している。イライザがヒギンズに反抗する生命力は、犬や鳥の本能だけでなく森羅万象やフリークスのような得体のしれない気配まで表している。これまで近代科学は専ら人間の価値判断で、生の自然を悪と規定し、法律で自然状態を規制することで法を順守しない自然を破壊してきた。花売り娘は無知蒙昧な悪として葬り去られたのだ。その中でイライザの善と悪を合わせ持った生命力は今もなお生き残って光り輝いている。

　イライザはレコード録音と同じ機械音を覚え機械人形のようになるのだが、心まで機械にならなかった。子供の心は動植物と同じように法律や道徳を基にした善悪の判断で完全に拘束されない。

　イライザがバッキンガム宮殿の舞踏会で成功した後も、イライザはヒギンズの大人の戯れに子供の純な心で反抗する。まだ善悪の見境がつかない子供は皆おとなのルールに従うとは限らない。イライザは、下町育ちの野生の不作法が同居しているのだ。

　ヒギンズによる発音訓練でイライザは標準英語を話すがコックニー訛りでも話せるバイリンガルである。ヒギンズはコックニーを話すのはマナーが悪いとあくまでも判断するが、これは大人の道徳観と同じで偏見である。

　女性の職場が無かったヴィクトリア朝時代に、イライザに親身になって相談にのるのはヒギンズの母と友人ピッカリングであった。ヒギンズ夫人のモデルはジェーン・モリスは美術の目利きであるばかりでなく絵のモデルにもなった。イライザはこのヒギンズ夫人のもとで自立の道を進むことになった。

　さて、この作品の副題はロマンスであるが、ヒギンズはバチェラーで独身

1 『ピグマリオン』と『マイ・フェア・レディ』のプロソディ研究

主義者である。ギリシア神話のピグマリオンも独身主義者であるが自ら作った大理石像に恋をして女神に祈ってガラテアを得る。しかし、ヒギンズが作った人形イライザとの子弟愛は実を結ぶことはない。

　『レミゼラブル』でフォンティーヌが極貧生活の中で死んでしまうのとは異なり、イライザは生命力があり企業心がある。後にショーはジャンヌ・ダルクを描くがイライザには如何なる不況にも耐え抜く不屈の精神がある。

　ショーは音声学を修得したが一生アイリッシュ訛りがとれなかった。ショーは小学校も満足に行かず学校教育を嫌った。ショーにとって英語は外国語のようで独学で音声学を学び遺産を音声学に与えようとした。

　ヒギンズは英語音声学を善とみなし、コックニーを悪とみなしている。イライザはコックニーを捨てる事が善とは思っていないため彼女は煩悶する。1960年代の映画とは異なり、現在では、俳優はスラングを修得し、その土地独特の風土を演ずるようになった。まるで、時代はヒギンズの考えと逆行している様である。

　ロンドン・ミドルセックス大学演出科のレオン・ルビン教授によると「1960年代の映画を見ていて、労働者が話す英語をよく聞いていると、彼らの話す英語がしばしば中流階級の英語であることに気がつく」と指摘している。ショーが『ピグマリオン』を書いたのは1914年である。それから40年経っても労働者役の俳優が標準英語を話しているのは奇妙である。現在、ロンドンの舞台や映画では、労働者役の俳優は労働者が日常生活で使う英語を話している。それは、70年代以降にロンドンの劇団が解体し、演劇学校や大学の演劇学部で、ボイス・ティーチャーが俳優にコックニーの話し方をアカデミックに教え、その俳優が映画や舞台に出演するシステムが出来たからである。外国人にとって、70年代以降の映画や舞台で、労働者の英語を聞き取るのは難解になった。アイルランド人であったショーはコックニーを聞き取る難解さを100年以上も前に察知して『ピグマリオン』を劇にし、英語のダイアレクトに敏感に反応しドラマのプロソディ研究に取り入れたことが考えられる。

キャッチボール・イングリッシュ

　日本の英語教育におけるプロソディ研究では、学生たちが正しい英語のイントネーションで話すメソッドとして様々な方法を取り入れている。例えば、愛知学院大学で演劇の研究をしている清水義和教授は、ルビン教授が英語を話すリズムを習得するために考案したメソッドを応用しテニスボールを用いた"キャッチボール・イン・イングリッシュ"という英会話練習を継続的に行っている。"キャッチボール・イングリッシュ"と"キャッチボール・イン・イングリッシュ"は、"アイディア"と"エクササイズ"との違いを表している。前者はコミュニケーション英語を表す概念（コンセプト）であり、後者は実際にボールを使って英語コミュニケーションを練習して英会話を修得するプロソディ教育である。

　演劇の世界では、オーストラリアの演出家ピーター・ウィルソンが、名古屋の劇団うりんこの俳優たちを『ムーン・プレイ』演出する際に、言葉を身体化する過程を示している。演劇では英語イントネーションを指導するためのメソッドが取り入れられているが、英語教育では具体的なイントネーション習得のためのメソッドが少なく、実践されていない。

　バージニア大学のショー研究家であるバーナード・デュコー教授は、ヒギンズがイライザに教えた英語に疑問を投げかけている。デュコー教授によると、ヒギンズはイライザに間違ったイントネーションを教えたという。それは、イライザはヒギンズによる実験の後、中流階級の人たちの前で汚い英語を話して失態を演じたからである。デュコー教授は、イライザが正しい英語のイントネーションを学び舞踏会で成功したのは、ピッカリングの指導の賜物からであったと述べた。それは、ハワイで日本語を学習した米国人が、日本で日本語を話した際に、その日本語を聞いた日本人が下品だという顔をしたという例があるからである。そして、ハワイの日本語教師とヒギンズの類似性を示し、外国語教育の盲点を以下のように批判した。

Apropos, when I lived in Hawaii, I knew a Japanese-American and Japanese-speaking woman who, when she visited Japan, soon learned that when she spoke Japanese, salespeople treated her disdainfully, for her accent was a lower-class accent used by her grandparents or great-grandparents, who had been recruited to work in Hawaii's sugar plantations. When she spoke English, however, their attitude toward her was deferential.[1]

また、ヒギンズのモデル問題は新たな段階にある。音声学者ヘンリー・ヒギンズのモデルは、ヘンリー・スウィート（Sweet, Henry）ではなくダニエル・ジョンズであるという説が定着しつつある。典拠となったのは、ビヴァリー・コリンズとインガー・ミーズ共著の『本当のヒギンズ教授』の論旨と、ジョン・ウエルズ教授の証言にある。しかし、ウエルズ教授は「『マイ・フェア・レディ』がフィクションであるからヒギンズもフィクションである」と述べている。

I found the evidence collected by Collins and Mees in "The Real Professor Higgins" pretty convincing. I think Daniel Jones was certainly the professor of phonetics that Shaw knew and used as his model.

Note also their explanation of the name Higgins, from the former department store Jones and Higgins in Peckham, London SE15. It still existed when I first came to London as a young man.

But neither Jones nor Sweet nor anyone else had all the various qualities attributed by Shaw to Higgins. Higgins was a fictional, artistic creation.[2]

一方、ショー研究家のバーナード・デュコー教授は詳細なショーの伝記を数多く出版しているが、『本当のヒギンズ教授』を読了した後、「その解説は推測に過ぎない」と論じている。そして、「大切なのはモデル問題でなくド

ラマの中身である」と主張している。

Through inter-library loan, I received a copy of THE REAL PROFESSOR HIGGINS: THE LIFE AND CAREER OF DANIEL JONES. Although I did not read the book from cover to cover, I read the sub-chapter (4.9) on PYGMALION. I also reread Daniel Jones's essay in G.B.S. 90. In Jones's tribute to Shaw in the latter book, he does not claim to be the model for Henry Higgins. The book by Collins and Mees simultaneously does and does not make such a claim. Their title is really an attempt to catch the eyes of potential readers by referring to a name that those who are not in Professor Jones's field are more apt to recognize than Jones's name. Furthermore, the portion of the book which I have read is, for the most part, modest on the subject.

What the authors call Shaw's "many bigoted opinions on the social characteristics and aesthetics of various accents of English" (p.98) means only that their opinions differ from his. They question Shaw's statement that teachers of diction can work with "people troubled with accents that cut them off from all high employment" and make them speak so well that they can gain such employment. Based on my own experience, both observed and personal, I can testify that Shaw is absolutely right on this subject.

The authors do a good job in documenting Shaw's use of Jones as a research tool for details in PGYMALION. He almost certainly gave Shaw the information Shaw needed for the play, just as Gilbert Murray gave Shaw the quotation from Homer that he used in MAJOR BARBARA, as well as Cusins's ineptitude in arithmetic. I am willing to believe that the amusing story about "Jones and Higgins" (p.100) is true. To verify it, one would have to go to a telephone directory, or something similar, of the time.

"Enry' Iggins" is also a name appropriate to a stage cockney character and the joke that Henry Higgins teaches proper pronunciation might have been irresistible (but I have no evidence for this). The authors offer no evidence for the "pact of public silence" and Jones's concern that his association with PYGMALION might damage his chance for promotion, but their inferences are reasonable.

The question on whether Higgins's character is modelled on Jones is silly. The authors claim that Shaw's "eagerness to dissociate his hero from the person of Daniel Jones" has resulted in misleading most commentators, etc. (p.103). If Higgins's character owed nothing to Jones's character, however, Shaw would have made exactly the same statements. If they are going to be persuasive that Higgins was modeled, at least in part, on Jones, they need to cite characateristics (a), (b) and (c) in Higgins and document the same features in Jones.

None of what I have said intends to belittle Jones's achievements or Shaw's play. As I think I said earlier.

I agree with Professor Masumoto that, as you paraphrased his view in one of your e-mails, "the models of plays are not very important, but plays are much more important than their models." [3]

ソウル大学のヒュン・ボク・リー名誉教授はヒギンズのモデル問題に一歩踏込み、「音声学とショー研究の両面からプロソディ研究をすることが大切である」と述べた。実際ダニエル・ジョーンズは劇作家ショーの英語の発音研究を評価し「ショーがBBC放送のアナウンサー審査委員会の議長を務めた」と認めた論文を残している。

Mention must be made here of services in the phonetic line which Shaw has rendered to the B.B.C. For several years he was chairman of a special committee charged with the duty of making recommendations for the guidance of announcers.[4]

　今後の課題としてヒギンズのモデル問題は音声学と演劇の両面から研究することによって新しいヒギンズ像が明らかになると考える。

　2002年3月、リー博士が名古屋での講演で、「『マイ・フェア・レディ』には英語の発音練習の場面があるが、英語音声学のプロソディ研究には大いに役立つ」という発言をした。2004年9月、清水教授は実際に授業で『マイ・フェア・レディ』のDVDを学生に見せ、外国語学習者である私たちが英語を学習する意味を考えさせ、英語の発音練習の場面を再現した。

ELIZA: [*slowly*] The rain in Spain stays mainly in the plain.
HIGGINS [*sitting up*] What was that?
ELIZA: The rain in Spain stays mainly in the plain.[5]

　英語の発音練習する際、ルビン教授の演劇メソッドを利用している。そのメソッドでは学生同士が英語を発音するときに、テニスボールを使ってキャッチボールをしながら英語のコミュニケーションを行うのである。『マイ・フェア・レディ』の発音練習の場面では、イライザ役のオードリー・ヘップバーンとヒギンズ役のレックス・ハリソンが音声器具や楽器を使い英語の発音練習をすることで、リズムを身につけている。

　清水教授によると、最初の頃は、『マイ・フェア・レディ』での英語発音練習の場面を、テニスボールを使って英語の発音練習をすることに戸惑いを感じる学生がいたが、2週間後には大半の学生はテニスボールに慣れ、キャッチボールしながら英語のリズムを取ることを覚えたという。テニスボールを身体的に使うことは、集中力を妨げることが予測されるが、それとは逆に、テニスボールを使うことにより集中力を高め、その倍加した集中力を英語の発音に上手く利用できるようである。特に英語を上手く話したいと

いう動機が高い学生やスポーツの選手コースの学生たちは、テニスボールを使って英語会話を練習することに次第に関心を示した。それに対し、学習意欲の低い学生は、前述した学生と比較すると、英語会話の上達が緩慢であることが次第に明らかになった。

　3週間の授業の中間で、キャッチボール・イン・イングリッシュに関するアンケート調査から学習者の動機が高まったことが示されている。質問内容と回答は以下の通りである。

Q1．「これまでに、キャッチボール・イン・イングリッシュをした経験がありますか」に対し、「はい」が2％、「いいえ」98％であった。

Q2．「9月の最初と比べて現在英語が上達したと思いますか」に対し、「少し上達した」95％、「かなり上達した」3％と肯定的な回答が98％であった。

Q3．「キャッチボール・イン・イングリッシュを改善する必要がありますか」に対し、「いいえ」が98％であった。

　この種のアンケート調査は他の英語の授業においても10年以上実施されているが、今回のように短期間で学習者の動機づけが高まった学習法は見受けられない。

　また、この調査の中で特徴的であった点は次の2点である。第一に、この3週間、回答が殆ど変わらないという点である。第二に、英会話練習やキャッチボール・イン・イングリッシュの経験者が僅か2％にすぎず、殆どが授業ではなく、英会話学校で、英会話練習やキャッチボール・イン・イングリッシュを経験したということである。

　海外の外国語の習得方法として、サッカーゲームでボールを追いかけながら、言葉のやり取りを始めるメソッドがある。テニスボールを使わない英会話練習は、キャッチボール・イン・イングリッシュと比較すると成果が低くなることが考えられる。このように、ボールを用いて体を動かすことが会話能力の向上に役立たせることができると期待される。

　現代英語教育の傾向として、語学の専門化、細分化が進むことが実情であ

るが、少なくとも、『マイ・フェア・レディ』の英語発音練習場面を、英語のクラスで実施したいと考えている。

ショーと音声学

　ショーは音声学者ヘンリー・スウィート（1845‐1912）を幾分モデルにした『ピグマリオン』を書いた。[6]この作品は『マイ・フェア・レディ』として更に世の反響を呼び起こした。ショーはこの反響によって、音声学に大きな関心を寄せることになった。ショーは『ピグマリオン』の伝説を借り、音声学者ヒギンズがコックニー訛りである花売り娘イライザから美しい英語を話す貴婦人へと変貌させる劇を上演した。この劇の成功によりショーは新しいアルファベットを考案する確信を得た。[7]

　ショーは多くの作品をアイザック・ピットマンの速記法を用いている。ショーは第一原稿を速記法で書き、秘書のブランシュ・パッチにタイプライターで普通の綴り字に転写させ、ショーが経営していた印刷所に原稿を送り初版を作った。更に、芝居のリハーサルで台本を徹底的に訂正し、ト書から、上演台本にするまで改訂版を数冊分書き直した。更に、上演後も台本を訂正し出版するといった用意周到ぶりは極めて厳格であった。ショーは第一校が印刷になった時点で、速記原稿を破棄する習慣があった。それは、間違い箇所を研究者の対象にされることを嫌ったからであるとされる。現在、『ジョンブルのもう一つの島』（1904）と『傷心の家』（1917）の第一原稿には速記の一部が残っている。小木曽雅文氏によると、英国の大英博物館に『傷心の家』の速記原稿と、ショーの手紙とが陳列されているとのことである。

　For 50 years past all my works have been drafted in shorthand (Pitman's written legibly without reporter's constrictions) and transcribed by my secretary on the typescripts. As I correct a good deal, and dread the literary ghosts who dig up and publish all an author's mistakes and slips and blunders and redundancies. I ruthlessly destroy every trace of the successive polishing the book gets before I pass it for press. MSS sold as mine are mostly forgeries. I have sometimes kept a few pages of the original shorthand and given them away separately as curiosities ; and there may be a few left, if the Museum would condescend to such trifles. When I next go through my old papers seeking what I should destroy, I will see whether there is anything that might interest you. GBS 26/5/1944

　ショーはディケンズと同じように、速記で原稿を書いた。2人の作家はそれぞれの時代のロンドン下町言葉（コックニー）を書くという共通点があった。ディケンズは速記記者として経歴がありガーニイズ速記法を習得していた。一方、ショーは当時音声学者として名高かったアイザック・ピットマン、エリス、ヘンリー・スイートらの影響のもとに、速記法を身につけたことを記憶しておく必要がある。つまり、ショーの音声学に対する関心は速記法と極めて密接である。ショーは一時ヘンリー・スウィートの「現代速記法手引書」を習得しようとした。スウィートは1100の音を聞き分けることができたと言われるが、勿論、そのような音を同時に文字で表す事は不可能である。スウィートは鋭い聴覚と熟練によって特殊な記号を用いて音を記述した。スウィートの幾分モデルにしたといわれる『ピグマリオン』の音声学者ヒギンズは人間の声によって即座にその人物の出生と経歴を言い当てることができた。音は文字に速度と正確さを要求する。スウィートの速記法は、才人スウィート自身以外の人には判読しがたい欠点があったとショーは述懐している。実際ショーは『ピグマリオン』の序文と劇の中でスウィートの速記法の欠点について批評している。

Sweet, after seven years' work at his shorthand, came to believe that anyone who could not guess a word from a single one of its vowels must be mentally defective. I once received a letter written in it. It took me two months to decipher it, though I knew every letter in Sweet's alphabet.[8]

He (Sweet) writes zah and depends on his memory or on the context to determine whether this means exact or example or examine or exasperate or what not. After seven years' practice Sweet became so expert at this sort of guessing that specimens he gives in Manual of Current Shorthand (published by the Clarendon Press) are unreadable by anyone lacking the experience.[9]

　結局ショーはスウィートの高精度な速記法を放棄し、アイザック・ピットマンの実務的な速記法をやむを得ず使うことになった。しかし、ショーはスウィートの音声記号をもとにした「一文字一音」を基本にして、新しいアルファベットを創造するための可能性を見出そうとした。
　ショーは『ピグマリオン』の序文の中で既存のアルファベットが26字に対して、ロシアのアルファベットは35字であるために、音声を表す文字として利点があると指摘した。例えば、次のような一文がある。

　Here is a sentence

　上述の文字数は既存の英語16字であるのに対して、ロシア語では12字で表記できる。この相違は既存の英語のアルファベットが26字しか存在しないため、sh、zh などの子音や ah、aw などの母音、二重母音の表記が1字で表せないために生じるのである。ショーはスウィートが識別した1100の音をアルファベットに表すことは不可能であるが、およそ、40字余りのアルファベットを考案した。その一例として、先に述べた sh、zh などの子音や ah、aw などの母音、二重母音の代わりにギリシア語から文字を借用し、スウィートが用いた e を逆さにした文字を応用することを示している。また、ショーは英語が音では比較的速度が速く発話できるのに対し、文字の表記をする場

合、その速度が極めて緩やかなのは、英語がローマ字のアルファベットを使用しているからであると指摘した。例えば、ローマ数字（MCMLXIII）に比べ、アラビア数字（1963）は遥かに迅速で、読みやすいものとなっている。つまり、ショーが強調しているのは、文字は迅速で、且つ、読みやすい表記に発展し、世界中に流布する性質があるということである。

　ショーは、シェイクスピアの劇が既存の英語で書かれているために、正確な音が記録されず、シェイクスピアは墓から二度と蘇ることができないと述べている。ショーは有能な演出家であったので音声学的な見地からも俳優に対して正確な英語を話すことを厳しく要求した。ホーブス・ロバートソンは優れたシェイクスピア役者であったばかりでなく、美しい英語を話す声優でもあった。ショーはロバートソンのために『シーザーとクレオパトラ』(1898)を書いたが、ショーの念頭には音と文字の違いを補う媒体として、ショーと同時代の英語で書いた作品を音として、レコードに記録して保存することを考えたのではないだろうか。

If we could get some good gramophone records of speeches from Robertson's Shakespearian parts, and agree upon a method of recording his pronunciation in ordinary type, so as to make the book available for the use of actors and the public generally, we could employ some young man – say one of Sweet's pupils – to prepare a complete Shakespear. This, of course, would be a considerable job; but it has the advantage that if it were found too large an undertaking, it could be cut down to a selected number of plays, or even to one play: say Hamlet. I have sometimes thought of getting a gramophone record made of Robertson's delivery of the Sphinx speech in my own Caesar and Cleopatra, and proceeding as above to issue a phonetic edition of the play as a sort of document in the history of the language.[10]

ショーは、30代後半になってから劇作家として認められ、生涯50数篇の戯曲を書いた。一方、シェイクスピアは、生涯37篇（合作を含む）を書いた。この違いは、ショーによると、彼が、アイザック・ピットマンの速記法で作品を書いたからだと述べている。そして、「作家が、表記する文字は、作家の指先に無限に留まっているが、それを妨げる文字は悪い文字であり、反対に表記を促す文字は良い文字である」と主張した。しかし、ショーは「シェイクスピアよりも良い文字を使いながら、もっと良い文字がないので、ディケンズと同じように、やむを得ず、速記を普通の表記に転写するための煩雑な手続きを踏まなければならない」と嘆いている。[11]

　ここで注意しておかなければならないのは、アイザック・ピットマンの速記法を普通の表記に転写する手続きが複雑であるという点だけではないことである。むしろ、ショーはアイロニィをこめて、ピットマンの良い速記文字を何故既存の悪い普通の表記に転写しなければならないのかと反問しているのである。ショーはアイザック・ピットマンの速記法を70余年に渡る作家生活の間ずっと使い続けた。また、ショーが提案した「40字のアルファベットは、ピットマンの使った音声表記の40字のアルファベットと全く関係がなかったとは言えない」と、ピットマンの孫にあたる音声学者ジェームス・ピットマンは指摘している。

"Although I did not begin writing plays until I was 40, I have written 17 more plays that Shakespeare did besides bulky political treatises bringing Socialism up to date, and a mass of critical essays in Art and Science, to say nothing of letters to "the Times". Such an output would have been utterly impossible had it not been drafted in Pitman's 40 letter phonographic alphabet. Keep your eyes on your father Isaac."[12]

　ショーは、良い表記とは一音一字のアルファベットであると考えていた。スウィートの音声学が根本にあったショーは、文字を音に近づけることを新

しいアルファベットの基本にしていた。「簡略綴り字法委員会」の推薦で300字の短縮形を使うことを、ローズベルト（Roosevelt, Theodore）が支持したのであるが、ショーは「簡略綴り字法提案」（1906.9.25）の批評で反論したのである。例えば、through の gh は音としては余分の文字であるから through は音としては好ましくない綴りであるが、thru は through の音を表記しているのではなく、あくまでも文字の上だけの短縮であり、音声学的には正確な表記ではないと主張した。つまり、ショーが強調しているのは through の短縮形ではなく、through を音声学的に表記した一音一字によるアルファベットで表した文字であった。[13]

　しかし、ショーの音声学上の理論は極めて斬新であったため、なかなか世間一般の理解をえることが出来なかった。ショーは晩年、遺書を書き、その中で、迅速で読みやすい新アルファベットを提案した。ショーの死後、ショーの遺言は一旦反古にされ、遺産は大英博物館を含む数箇所の博物館に寄贈された。後に、大英博物館の理解と音声学者たちの熱意により、ショーの提案した新アルファベットは1958年キングスレイ・リード（Kingsley Reed）らによって作成された。アルファベットの数は40＋8字であった。更にショーの遺言に従い、新アルファベットの音訳による『アンドロクルスとライオン』（1912）がピーター・マッカーシーの手で行われ、ペンギン・ブックから1962年に出版された。書物の左右には、ショーの遺言通り各々の英語表記と音訳による『アンドロクルスとライオン』が対照的に掲載され、書物の末尾には新アルファベットの用語集が載せてある。それはちょうど外国語の初級テキストに発音記号をつけてある頁を思わせる。

　ジェイムス・ピットマンは祖父のアイザック・ピットマンの研究業績を継承する第一人者であるが、同時にショーの音声学研究に対する最大の理解者でもある。ジェイムス・ピットマンは初等英語教育の分野における著名な学者であるが、I.T.A.（Initial Teaching Alphabet）を使い、F.M.（The Romanic Final Medium）を習得するための学習方法を考案した事は有名である。ジェイムス・ピットマンは生前のショーとそれぞれの理論を主張し論

争したのであるが、ショーの考えていた新アルファベットの特徴を簡潔に纏めている。

Per contra, the Shaw Alphabet is seen to be
1．Non-Romanic
2．Designed in no way for the purpose of teaching reading or writing in the Present Romanic Media
3．It is, however, designed to afford, to those already (necessarily or they would not be adequately educated) habituated in the traditional orthography (T.O.), the opportunities of faster reading and faster writing of the English language. (It is to be noted that inevitable in such a design is the opportunity of economy also in time taken in composing and typing in areas of paper, of printing surfaces, of bookshelves.)

It is no way compatible with the traditional orthography and requires any such literate to learn two media - the Roman and the Shaw - just as he has learnt two media for numeration, the roman MCMLXIII& 1963. (It is to be noted that the learning or an alternative medium imposes only an insignificant burden on the already literate, or how else have we come to learn "bag" in newer medium as an alternative for BAG in the old - and original - Romanic medium?)[14]

　ショーはジェイムス・ピットマンに、ショーの遺書公開後に起こるべく様々な問題について幾つかの予言を語ったのであるが、その中で外れたのは、ショーの提案した新アルファベットが流布して既存のアルファベットが付属的な記号になるということであった。

ショーの英語表記の特徴

　ショーの言語に関する批評文は数多いのであるが、これまで、その評価は等閑にされてきた。しかし、他方で、ショーが言語学に果たした役割は、メンケン（1880－1956）が詩、戯曲、論文、随筆等の多方面に渡る活動に匹敵すると評価が高まっている。[15]

　ショーは言語及び音声に関する多くの批評の中で、繰り返し既存のアルファベットの表記法を批判しているが、それにもかかわらず、ショーの大半の作品が既存の正字法に基づいて忠実に表記されているのは、意外である。[16]

　ショーが既存のアルファベットの正字法に従った理由は、根本的には、既存のアルファベットにとって代わる新アルファベットがないと判断したからであろう。ショーは俗語を表記するのにスウィートの音標文字を応用したのであるが、俳優はその台詞をもう一度既存のアルファベットに戻さないと発音できないと述べている。

　Actors who specialialize in cockney have had to transcribe my text into conventional spelling before they could study their parts.[17]

　つまり、ショーは既存のアルファベットで英語を読む人のために彼の作品を書かざるをえなかったわけである。その意味で、ショーは新アルファベットの可能性を信じ、彼が認めた遺言書の中で、ショーの作品が新アルファベットで音訳されることを望んだのである。

　ショーが、既存のアルファベットの正字法を逸脱して綴り字を書いた中で、著しい例は、アポストロフの省略である。[18]

　また、"fonetik fiend" という言葉は、ショーに対する世評が反映していて面白いものである。ショー自身が回想しているように、音声学という学問

はベル（1819-1905）によってヴィジブル・スピーチ（Visible Speech）が考案されてから100年、さらにスウィートが『音声学ハンドブック』（1877）を著してから50年という歴史があり、当時は十分世間一般に知られた学問ではなかった。しかし、ショーが音声学に関する批評の中で、主張した綴り字法の特徴について把握する事はできる。以下にショーの綴り字の語法上の特徴を整理する。

1．文字の移動や変更に付き纏うのは先ず誤植であろう。ショーは「一般言語の諸問題」（1950.11）の批評の中で、フランス語のshell（貝殻）をshall（助動詞の未来形）と綴った印刷の間違いがあったために非難を受けた。しかし、ショーが文字の移動や変更をする場合は、先に挙げた"fonetik fiend"のような例を除き、その他の綴り字の逸脱は、俗語を表記するときに頻繁に表れる。ショーは若い頃、ディケンズの俗語を模倣していたが、後になって、スウィートのローミック（Romic）を応用したと思われるショー独特の俗語を表記するようになった。[19]

　　ショーにとって既存のアルファベット26文字を使って文字を様々に移動変更する独自の俗語を表記する事は、俳優が実際に発話する台詞として、音声学的に正確でなければならないということを合わせて考えると、余程困難だったと考えられるのである。

2．分離不定詞（split infinitives）がしばしば用いられた事はショーの秘書のパッチも指摘している。しかし、ショーと同時代の作家ディケンズ、ハーディ、トロロープ、ゴールスワージーらが、盛んにこの語法を使っている。イエスペルセン（1860-1943）は「この用法が、既に、13世紀に見られ、多くの優れた作家たち、殊に、最近の人たちによって好まれているが、それにもかかわらず、文法家たちが、その現象に「分離不定詞」という名称を作り出して、しばしば、これを非難している。この名称は的外れである」と述べている。[20]

3．また、アメリカ英語の短縮形をショーの作品の中でしばしば用いている。しかし、前にも触れたように、ショーが漸進的な綴り字改良法ではなく、

約40字からなる全く新アルファベットによる改革を、繰り返し何度も主張していることに注目すべきである。結局のところ、ショーがアメリカ英語をしばしば用いた理由は、異論はあったが、例えば、debt を det と綴ったほうが少なくとも、労力と時間の節約が出来る事である。また、新アルファベットの新綴り字法はショーがアメリカ英語を使うと同時に、ショーの主張の正当性を裏付けることにも役立つと考えたからである。[21]

　実際に、ショーの個々の作品に当ってみて明らかなように、ショーの主張には不同なところが認められる。[22]

4．そして、アポストロフの省略は、ショーの綴り字法の中で代表的な例であり、秘書のパッチを始め、多くの言語学者たちが指摘していることである。また、ショー自身、多くの批評文や書簡の中で、アポストロフの省略を認め、その理由を説明している。[23]

　ショーの一連の解説で明らかになるのは、ショーがアポストロフの省略を口語的な表現で多く使っていることである。ショーは、劇の台本や、書簡ではアポストロフの省略を盛んに行った。もっとも、ショーが未だ駆け出しの批評家であった頃は書簡でもアポストロフの省略を行っていない。ショーは序文や批評文では dont や cant の代わりに do not や cannot を用いている。また don't を用いた場合にもアポストロフを省略していない例もある。珍しい例では、ショーがレコード録音のために書いた原稿があり、do not と don't の2つの綴り字を同時に表記している。

　ショーがアポストロフの省略を行った理由は幾つか考えられる。まず労力と時間の節約が考えられる。そして、幾人かの言語学者が指摘しているように、音声学的な綴り字法と関係があることである。

　ショーが綴り字でしばしば頭を悩ませたのは俗語の表記であった。また、ショーの表記法で、彼の凝り性な性格が顕著に表れたのも、俗語の表記であった。ショーが『キャンデイダ』(*Candida*, 1894) の登場人物バーゲスの俗語の表記を表記する際に、飽きることなく何度も書き改めたというエピソードがある。事実、脇役のバーゲスの台詞が女主人公のキャンデイダ

役の台詞を食ってしまったという批評も現れた。イェスペルセンはショーの俗語の綴り字法を評価しているが、その他に、ショーが笑劇的な効果を狙い、俗語を用いたと指摘する学者もいる。ショーが俗語を綴る際は、既存のアルファベット正字法とは異なった綴り字法を用いた。

　属格（所有格）については複数形と混同する恐れがあるためアポストロフを残しているが、その他に madam の短縮形 ma'am を maam と綴ってアポストロフを省略している。ショーがブリッジス（R. Bridges, 1844－1930）に宛てた書簡で、この種のアポストロフに関する考えを示している。[24]

　ショーは視覚的に見てアポストロフの存在を醜いと考えていたようである。また、ショーは、印刷所や出版社の経営に参加していたこともあり印刷方法に関する規定も厳格で作術と「読解のためのカレンドン印刷規則覚書」1902.4.1）を著すほど凝り性であった。因みに、ショーは『聖女ジャンヌ・ダルク』（1923）の中で、「書物は読むためにばかりあるのではなくて、眺めて美しくなければならない」と貴人に語らせている。ジェイムス・ピットマンは、ショーの眼光が彼の祖父アイザック・ピットマンの眼光と同様に鋭かったというエピソードを『不愉快な劇』の中の序文を引用しながら回想している。更に、ショーは言語習得のための初期学習には、先ず、視覚の記憶が最初にあると指摘している。アポストロフは音には著されないが、目に映ずる記号である。また更に、敷衍すると、アポストロフに限らず、音と直接関係のないコンマを使いすぎることや、イタリックスや引用句に対するショーの好き嫌いが異常なほど激しかったことを合わせると、それらの記号が専ら視覚に訴える記号であったことに思い当たる。[25]

5．その他に、ショーの綴り字の特徴として、ショーは show の古い綴り字である shew を使っている。shew、shewn、shewed の綴り字は廃語となっているわけではなく、この綴り字を使う作家はショー以外の作家もいる。ショーはこの単語の表記に関して論述していないが、新アルファベットを

考案していたショーが古い文字の綴り字法を用いたのは奇妙である。

Shaw assailed the "deliberate impoverishment of our insufficient alphabet." He lamented: "That is the worst of unphonetic spelling: in the long run people pronounce words as they are spelt." He observed that "the poverty of the rules *shews* how far we still are from having an accurate speech notation... as the desperate phonetics of our dialect novels *show*." (*Italic are mine*. Note the inconsistent spelling of "shews" and "show", not unusual for Shaw – even in the same article – probably to indicate his annoyance with "Johnsonese" orthography.[26]

　ショーの綴り字法を論じるためには問題が多すぎて論じることが出来ないほどである。彼の各々の作品に表れる俗語の相違と音声学との比較を論じる事は大きな課題である。また、ピジン英語（Pidgin）とショーの劇の台詞との関係も考察して論及しなければならない。ショーがアイルランド人であったこと、音声学との関連も大きな問題として残っている。
　ショーは先人の音声学者アイザック・ピットマン、ヘンリー・スウィート、ダニエル・ジョーンズたちの考案した速記術や新綴り字法を70余年に渡って研究し、生涯、音声学に没頭し中断することがなかった。事実、ジェイムス・ピットマンは「ショーの94年の生涯が一つの音声学の歴史である」と述べている。[27] このようにショーの音声学的綴り字の問題は山積みとなっている。

結語

　アイルランド人のショーが、長年にわたる英語音声学研究の成果を『ピグマリオン』で、表現したことは間違いない。しかし、英語音声学のプロソディ研究において英語イントネーションを正確に発音すること、即ち、ダイアレクトを正確に発音する訓練が必要である。外国語学習者である日本人が正確

な英語の発音をするための方法として、ヒギンズがイライザのダイアレクトを矯正する場面を、ビデオやDVDを使い学生に見せ、イライザの訓練方法のように身体の動きを用いて実践することである。しかし、それは音声学の学習の一面を見ているに過ぎない。実際の俳優は、ダイアレクトの訓練をボイス・ティーチャーから習得し、イライザ役を演じるからである。ルビン教授は「外国人である日本人が、英国の俳優がダイアレクトを習得するように学ぶことは不可能である」と明言している。これは、イライザ役の俳優が話すダイアレクトを訓練によって標準英語を話すようになるプロセスを英語の授業で応用しているに過ぎないからである。

ショーはアイルランド人でダイアレクトの訛りが強い人であり、その彼が英語音声学に強い関心を長年持った。また、言語学者イエスペルセンも外国人であったが英語のプロソディ研究をした。つまり、「外国語を学ぶことによって母語を知る」と言われているように、日本人が英語イントネーションを学習する際、母語のように英語が話せないことを念頭に置き、英語へのアプローチを続け、英語のプロソディ研究を追及する事が重要なのである。

注
1) Dukore, Bernard, An email on 2003/3/22 (Saterday) 7 : 20 AM.
2) Wells, Jone, An email on 2003/5/13 (Tuesday) 4 : 35AM.
3) Dukore, Bernard, An email on 2003/3/22 (Saterday) 7 : 20 AM.
4) *George Bernard Shawon Language* Edited by Abraham Tauber (Peter Owen, 1965), 112頁参照。
5) Lerner, Alan Jay, *My Fair Lady* (Eikosha, 1990), 67-8頁。
6) *The Bodley Head Bernard Shaw Collected Plays with their Prefaces*, (Max Reinhardt, 1972), 662-3頁参照。ヒギンズのモデル問題に関して幾つかの説がある。その中に、ダニエル・ジョウンズやジョージ・バンダルー・リーがヒギンズのモデルであるという説である。
7) *George Bernard Shaw On Language* ed. A. Tauber & forward by A. Pitman, (Peter Owen, 1965), In effect, he wants the Eliza Dolittles (and the Higginses) to have a good modern alphabet placed at their disposal.（182頁参照）
8) Ibid., 104頁。

9) Ibid., 130-1頁。
10) *Bernard Shaw Collected Letters, Collected Letters 1898-1910* ed. Dan H. Laurence (Dodd, Mead & Company, 1972), 103頁。
12) Ibid,（141頁参照.）
13) Ibid, Since Ellis, we have had Pitman and Sweet, Volapuk and Esperanto, and no end of phonetic alphabets and shorthand systems ; but we are still entangled in Johnson's absurd etymological bad spelling, wasting years of our lives in writing the single sounds of our language with two, three, four, five letters or more, ...（151頁参照.）
14) Ibid,（192-3頁参照.）
15) Ibid, Shaw displayed a thorough understanding of phonetics and exceptionally keen insights and observations for a non-professional. He expatiated on the disparate nature of dialects, and the necessity for up-dating of cockney from the "Dickens dialect". As a versatile amateur, his virtuosity in the field antedated America's H.L. Mencken by many decades.（3頁参照）
16) Ibid, In his own writing, Shaw used orthodox spellings for the most part. His deviations and variants from the British standard were sporadic vagaries-labor, alphabetic, youre, etc. He believed categorically that spelling modifications short of the whole effort were negligible in effect (which he spelled negligible in *Cashel Byron's Profession.*)（10頁参照）
17) Ibid, 81頁。
18) Ibid,（xxiii頁参照）
19) *The Bodley Head Bernard Shaw Collected Plays with their Prefaces*, (Max Reindhardt, 1971), (John *Bull's Other Island*,) FATHER DEMPSEY (holding up his finger) Matt! (Matt subsides), Now, now, now! Come, come! Hwats all dhis about Patsy Farrll? Hwy need you fall out about him?（962頁参照）
20) *The Bodley Head Bernard Shaw Collected Plays with their Prefaces*, (Max Reindhardt, 1971), (*The Apple Cart*). and contenting himself with the reading of a brief statement shewing that the adoption of his plan would release from industry enough men to utterly overwhelm the Central Empires with whom we were then at war.（274頁参照）
21) *George Bernard Shaw On Language* ed. A. Tauber & forward by A. Pitman, (Peter Owen, 1965) 26頁参照。参考 (I always use the American termination or for our. Theater, somber, center, etc., I reject only because they are wantonly anti-phonetic : theatre, somber, etc., being nearer the sound. Such abominable Frenchifications as programme, cigarette, etc., are quite revolting

to me. Telegram, quartet, etc., deprive them of all excuse. I should like also to spell epilogue, epilog, because people generally mispronounce it, just as they would mispronounce catalogue if the right sound were not so familiar. That is the worst of unphonetic spelling: in the long run people pronounce words as they are spelt; and so the language senselessly altered.)

22) Ibid. At one point, Shaw writes "labour"; at another, "labor". He spells "honor" in the American way, first introduced by Noah Webster, but retains the British "colour" – perhaps to point up the inconsistencies in the international orthography of English.（109頁参照）

23) Ibid. 26-7頁参照　The apostrophes in ain't, don't, haven't, etc., look so ugly that the most careful printing cannot make a page of colloquial dialogue as handsome as a page of classical dialogue. Besides,shan't should be sha"n't, if the wretched pedantry of indicating the elision is to be carried out. I have written aint, don't, havnt, shant, shouldn't and wont for twenty years with pe3rfect impunity, using the apostrophe only where its omission would suggest another word: for example, hell for he'll. There is not the faintest reason for persisting in the ugly and silly trick of peppering pages with these uncouth bacilli. I also write that's, whats, lets, for the colloquial forms of that is, what is, let us; and I have not yet been prosecuted.（26-7頁参照）

24) *Bernard Shaw Collected Letters 1898-1910* ed. Dan H. Laurence (Dodd, Mead & Company, 1972), The only two things that I feel inclined to protest against are the apostrophe in the word Heaven and the spelling of the word Father with the ordinary th, which gives no clue to the pronunciation. The apostrophes I object to because they are so horribly ugly. Why not spell heaven frankly hevn. I always spell hav'nt without any apostrophe.（916頁参照）

25) *George Bernard Shaw On Language* ed. A. Tauber & forward by A. Pitman, (Peter Owen, 1965) One other point of importance. The new letters must be designed by an artist with a fully developed sense of beauty in writing and printing. There must be no apostrophes or diacritical signs to spoil the appearance of the pages of the new type. It is a mistake to suppose that the Bible teaches us the sacredness of pseudo-etymological spelling; but it does teach us the comeliness of a page on which there are no apostrophes and no inverted commas.（38頁参照）

26) Ibid. 24頁。

27) Ibid. Bernard Shaw's writings – including plays, essays, letters and novels –

reflected an early interest in the broad field of language. He dealt with spelling and alphabet reform ; better speech and communication ; phonetics, dialects and accents ; international language and punctuation! Pygmalion. Shaw's play on which the musical My Fair Lady is based, is perhaps the best known example of his writings on these subjects. But Shaw pursued his catholic interest in these matters in a constant stream, spanning almost seventy-five years of creative production.（xxii 頁参照）

2　サン＝テグジュペリと寺山修司の『星の王子さま』にみるドゥーブル

清水　杏奴

1　まえおき

　寺山修司生誕八十年を記念した鹿目由紀演出の『ある男、ある夏』を2015年、名古屋の G/pit で観た。寺山は母と子の禁断の愛を造形する名手で、母の匂いは豊満なアニタ・エクバーグがフェデリコ・フェリーニ監督の『甘い生活』で放つ色香を思い出させた。

　火田詮子氏は愛人役で助監督役の佃典彦氏と絡んで逢引し妖艶なエロスを燃え上がらせた。火田氏は土方巽の土俗的な舞踏が醸すエロスに肉薄し皮膚の襞までまとわりつく。一瞬、いつの間にか寺山の霊が天から火田氏の頭上に降りてきた。

　火田氏は助監督への愛と、息子役の松井真人氏への溺愛で近親相姦を犯し、アントナン・アルトー著『演劇とその分身』のドゥーヴル（分身）を引き出した。

　火田氏は「分身」の魔術で、母と息子の近親相姦と助監督との恋を手際よくやってのけ、トラジコメディ（悲喜劇）を生みだし観客に摩擦的な笑いで痙攣させた。

　ピエル・パゾリーニが『王女メディア』で、マリア・カラスの演じるメディアに暴虐の限りを尽くさせ、夫とのエロスと子供を殺すタナトスを生みだし残忍な悲劇を創ったが、それとは対照的だった。他にも分身の術があり、星の王子さまの妹とある男は性も歳も違うが、時空を超え、いずれも寺山の分身となって出てくる。

　寺山が描く母、息子、女の子の絆は固く、らせん形になって繋がっている。

この寺山の螺旋の鎖を演出の鹿目氏はひとつひとつ丁寧に解いてみせた。

寺山修司が1983年に亡くなってから33年になるが、寺山のドラマの再演には幾つもの問題がある。先ず、寺山のドラマ『星の王子さま』を忠実に再演するのか、それとも、寺山芸術を根本からディコンストラクト（破壊し再構築）して再生させるかである。

ちょうど、シェイクスピアの作品をエリザベス朝の時代背景に当て嵌めて再演するか、オリジナルをディコンストラクトしてコンテンポラリー・アート（現代アート）に嵌め込んで上演するかのようにである。

何れにしても、現在、寺山修司が『星の王子さま』の初演を当時の1968年11月にアートシアター新宿文化で行った公演コピーだけではもはや観客を納得させることは出来なくなったことは間違いない。

寺山のオリジナル『星の王子さま』をかなり忠実に従いつつ、更に新しい解釈をしているプロデュースの例としては、劇団池の下の『星の王子さま』公演がある。

さて、天野天街氏は「『田園に死す』を東京のザ・スズナリで2009年12月に再演するが、「一度寺山のオリジナル（原作）をディコンストラクト（破壊）して新しく組み立てなければ寺山の再演の意味はないだろう」と述べている。

因みに、天野氏のイラストは他の作品からコラージュしたものでオリジナルは何もない。しかし、完成したイラストは天野氏のコンセプトを表していて他のアートのコピーではない。

寺山のオリジナル『星の王子さま』を脱構築的（ディコンストラクト）に再構築したプロデュースの例としては、宇野亜喜良氏が構成・美術し、金子珍演出の『星の王子さま』がある。この公演は、2009年2月28日 Project Nyx 第四回公演として東京阿佐ヶ谷のザムザ阿佐ヶ谷であった。

宇野亜喜良氏と金子珍氏の演出意図には、サン＝テグジュペリの『星の王子さま』と寺山修司の『星の王子さま』が相半ばして構成されたドラマになっていた。

元々寺山はアントナン・アルトーの『演劇とその分身』から想を得て、自

分の作品にドゥーブル（＝ダブル）のコンセプトを独自に解釈して発展させた。一方、宇野亜喜良構成・美術、金子珍演出の『星の王子さま』は先ず寺山のオマージュとして再演したはずである。けれども、結果的には、宇野氏は寺山を客観的に見てきた視点から多角的に再構成した後に舞台に表した。その理由は、宇野・金子版『星の王子さま』では、寺山版『星の王子さま』を軸にして、サン＝テグジュペリの『星の王子さま』と寺山の『毛皮のマリー』がそれぞれ双子兄弟や双子姉妹のような関係で構成されていたことが透視できる仕組みになっていたからである。

寺山がドゥーブルを追求した証を『星の王子さま』の表舞台を見るだけでなく、いわば『星の王子さま』の舞台裏の楽屋でも寺山のドゥーブルの仕掛けが用意されていたことを宇野氏の演出から検証することが出来る。

寺山版『星の王子さま』の楽屋裏を知っていた宇野氏は、寺山の舞台の裏側を再現するには最もふさわしいと言えるであろう。

本稿では、ちょうど、ロナルド・ハーウッド作のドラマ『ドレッサー』がシェイクスピアの『リア王』の楽屋を表しているように、宇野亜喜良氏と金子珍氏の演出『星の王子さま』は、それぞれサン＝テグジュペリの『星の王子さま』と寺山版『星の王子さま』や、女装劇『毛皮のマリー』と男装劇『星の王子さま』がドゥーブルの関係にあることを見ていく。

2　サン＝テグジュペリの『星の王子さま』

宇野亜喜良氏と金子珍氏は寺山版『星の王子さま』に劇中劇としてサン＝テグジュペリのロマン『星の王子さま』をマリオネット（人形）で見せてくれた。宇野氏のポスター『星の王子さま』のイラストを見ていると、イラストの星の王子さまが、もし動いたらどうなるかはおよそ40年前の寺山版『星の王子さま』初演当時からあったのではないだろうか。

宇野氏は寺山版『星の王子さま』をそっくりマリオネット化するのではなくて、原作『星の王子さま』だけをマリオネット化した。もしかしたら、宇

野氏にとってみたら、既に、寺山版『星の王子さま』初演当時から、サン＝テグジュペリのロマン『星の王子さま』をマリオネット化してみたかったのではないだろうか。

　宇野氏は寺山版『人魚姫』をマリオネット化したことがあったので、寺山のイメージに完全に支配されるのではなく、寺山版『星の王子さま』の中に一種のメタシアターのような具合に、サン＝テグジュペリの『星の王子さま』をマリオネット化してステージに嵌め込んで舞台を二重化したのではないだろうか。

　もしかしたら、宇野氏は、寺山版『星の王子さま』の男装劇に、人形劇を嵌め込むにあたって、三十年前に寺山がサン＝テグジュペリの『星の王子さま』を念頭におきながら自作を書いていったプロセスを尊重しつつも、今回の再演でその寺山の意図を活かし、サン＝テグジュペリの『星の王子さま』と寺山版『星の王子さま』をパラレルに表して、寺山のアルチザン的な気質を再現するほうが寺山の上演意図を表すのに分かりやすくなると考えたからではないだろうか。

　ともかく、寺山版『星の王子さま』を知ったうえで、サン＝テグジュペリの『星の王子さま』をもう一度読んでいると、サン＝テグジュペリの『星の王子さま』に感情移入してしまうのではなく、かなり客観的に読むことが出来る。

　さて、宇野氏が寺山版『星の王子さま』の中に挿入したサン＝テグジュペリの『星の王子さま』からの引用はかなりよく知られた場面がある。

（1）　砂漠に不時着した場面と羊の絵。
（2）　星の王子さまと一輪の花との愛の場面とバゥアウの木。
（3）　星の王子さまが蛇にかまれて昇天する場面。[1]

　結局、宇野氏の『星の王子さま』の上演では、サン＝テグジュペリの『星の王子さま』の人形劇の後、寺山版『星の王子さま』は中断のまま終わっている。

　これも、ある意味では、寺山的な中断的な終わり方である。結局、宇野氏

2　サン＝テグジュペリと寺山修司の『星の王子さま』にみるドゥーブル

は寺山版『星の王子さま』も"嘘"（フィクション）である事を観客に示したかったのかもしれない。

しかも、宇野氏は、寺山版『星の王子さま』の中で一番有名なカール・クラウスからのコラージュ「言葉が眠るときかの世界は目覚める」[2)]をカットした。寺山が自作『星の王子さま』の中にカール・クラウスの言葉をコラージュした当時は新鮮であったであろう。だが半世紀経た後ではカール・クラウスの言葉も色褪せて見えることはやむをえないかもしれない。

むしろ、宇野氏は一番有名な台詞をカットすることによって、逆説的にカール・クラウスの言葉が大切であることを寺山の芸術をよく知る人たちにより雄弁に伝えたかもしれない。ちょうど、シェイクスピアの『十二夜』で最も有名なヴァイオラの台詞を、トレヴァー・ナンが映画化したシーンでカットして、観客に、無言の場面を映像によって示してより強くヴァイオラの内面を表して見せたように。

宇野氏が寺山のオマージュとしてサン＝テグジュペリの『星の王子さま』から選んで引用した言葉は寺山が最も愛した言葉であろう。

寺山がサン＝テグジュペリの『星の王子さま』を愛読した一例として、寺山のドラマ『ある男、ある夏』を読むと、寺山がサン＝テグジュペリの『星の王子さま』から実に多くの言葉をコラージュしていることから分かる。

宇野亜喜良氏のデザインによる人形を使っての寺山版『星の王子さま』上演は、寺山修司の人形劇『人魚姫』を髣髴させた。宇野氏によると、寺山版『星の王子さま』で寺山のオマージュとして人形を使ったという。

更にまた、宇野氏は寺山へのもうひとつのオマージュとして『毛皮のマリー』を『星の王子さま』で使った事も述べている。もともと寺山版『星の王子さま』と『毛皮のマリー』はそれぞれトランプカードの表と裏の関係になっている。それほど、二つの作品はお互いに似ている。先ず、両作品とも舞台は外部の世界と閉ざされている。それに欣也にも点子にも父親がいない。またそれに、母親は一方は男装し他方は女装している。

更に、寺山のオリジナル『毛皮のマリー』は男優による女装劇であるが、

宇野氏の『星の王子さま』になると、挿入されたマリーと欣也はそれぞれ女優が演じている。明らかに、宇野氏は寺山版『星の王子さま』に『毛皮のマリー』を劇中劇として挿入するとき、女装した男優ではなく、生の女優を使い『星の王子さま』に取り込み、そうすることによって寺山版『星の王子さま』と『毛皮のマリー』は、お互いに鏡のような関係を表そうとした意図が読み取れる。しかし、結果的には、主体となっている本筋は寺山版『星の王子さま』なので宇野氏が脚色した『毛皮のマリー』の存在自体は希薄になっている。

けれども、寺山のドゥーブルのコンセプトから見ていくと、寺山は母子のイメージを寺山版『星の王子さま』では点子とオーマイパパ（男装の母）の一組と『毛皮のマリー』では欣也とマリー（女装の母）とのもう一組として表そうとしたのを読み取ることが出来る。宇野氏はこの寺山のドゥーブルのコンセプトをもう一度、所謂、宇野氏版『星の王子さま』の中で再現したかったのかもしれない。

その意味で、寺山版『星の王子さま』を単独で上演した場合、寺山のアートの世界を、劇場を取り巻く内と外の関係として総合的に見てとることは出来ない。

3　寺山版『星の王子さま』

寺山修司が脚色した『星の王子さま』は男装劇であるが、『毛皮のマリー』は女装劇で二つの作品が対になっているドラマである。『毛皮のマリー』では、美輪明宏氏がマリーを演じているのでホモセクシャルな雰囲気は舞台に漂っている。

一方、『星の王子さま』では、従来、"点灯夫"を男優が演じたせいか、男装役の"パパ"と"点灯夫"との濡れ場シーンはあまりレスビアン風な雰囲気は舞台に漂わなかった。しかし、2009年の宇野版『星の王子さま』では、二人の男装した女優同士が濡れ場を演じたのでレスビアン風な雰囲気が微か

に漂っていた。

　殊に、女優の川上史津子氏が男性用の肉襦袢を着衣して相手の男装の女優・遠藤好氏を愛する。もしも、女優の川上氏が男性用の肉襦袢を着衣せずに、男装の女優・遠藤好氏のように、男装のまま同じシーンを演じたらレズ・シーンが赤裸々に表れたかもしれない。

　けれども、肉襦袢を着た女優の川上氏が男性役を演じたので、何時の間にか観念操作が働いて、観客は男性が男装した女性を愛すると思い込んだかもしれない。つまり、肉襦袢を着た女優の川上氏が男性に化けて男を演じて、男装した女性の遠藤氏を愛する為に、意味が二重化してしまい、そのせいで、肉襦袢を着た女優が男装した女優を愛するというレズ・シーンを半分隠すことによって、かえって曖昧な猥雑さが発生した。

　宇野版『星の王子さま』上演後、インタビューしたとき、"点灯夫"を演じた女優の川上さんすら、女優が女優を愛するシーンだと思わずに演じたようだ。すっかり、川上さんは、男性を演じていて、女優が女優を愛することを忘れていたようなのだ。観客も大半が"点灯夫"が男装したママ役の女優を愛するのだと思って見ていたようだ。

　この曖昧性が寺山版『星の王子さま』と『毛皮のマリー』とでは幾分異なっている。例えば、マリーとマドロスが濡れ場を演じた後で交わす場面で、マリーがホモであることをあらわしている。

　刺青の男　それにしても、マリーさん。あんたは、どうして、女に変装したりするんだね？
　　ちゃんとした男つうものがありながら[3]

　更にまた、寺山版『星の王子さま』は、この曖昧性のおかげで、サン＝テグジュペリの『星の王子さま』に幾分近くなったのではないだろうか。
　つまり、『毛皮のマリー』は寺山特有の母子関係が男の継母と息子の関係になっているのでマリーは欣也の母であるという観念があって、母子と継母

と息子のダブルが生じ結局一種の曖昧性が生じることになった。ところが、『毛皮のマリー』に見られるホモセクシャルな関係をボードヴィル風にあまり露骨に演じると、この種の微妙で曖昧なダブル（母子関係が男の継母と息子の関係）が消えてしまう。

　宇野版『毛皮のマリー』の劇中劇では、配役を皆女優が演じたが、レズ・シーンの雰囲気が生じないばかりか、ホモセクシャルな雰囲気も消えてしまった。むしろ、点灯夫とオーマイパパの絡むシーンが、欣也と点子の共通した苦悩「地獄」を表すことになった。そして、この地獄の観念が寺山の重要なテーマ孤独を生み出すことになっていく。だが、宇野氏は寺山版『星の王子さま』のラストシーンにある「言葉が眠るとき、かの世界が目ざめる」をカットしたために、寺山のコンセプトであるこの世の出来事は皆"嘘"であるが希薄になってしまった。

4　劇団池の下の『星の王子さま』

　宇野氏のサン＝テグジュペリ原作寺山版『星の王子さま』を見た後で、劇団池の下の寺山版『星の王子さま』を見ると、劇の影で隠れていた視点が浮かび上がってくる。寺山はサン＝テグジュペリ原作『星の王子さま』の世界は"嘘"の世界であると批評して寺山版『星の王子さま』を書いた筈である。だが、宇野氏のサン＝テグジュペリ原作寺山版『星の王子さま』と寺山版『星の王子さま』の両作品を比べて見ると、寺山版『星の王子さま』がかなり抒情的であることが見えてくる。寺山修司研究家の中山荘太郎氏は「劇団；池の下の寺山劇は舞踊劇が主流で厳しさが欠けている」と評したことがある。もっとも、散文家サン＝テグジュペリが書いた『星の王子さま』ではなくて、詩人寺山が書いた『星の王子さま』を書いたのであるから、抒情性が染み出てくるのは免れない。

　だから宇野氏が寺山版『星の王子さま』で、サン＝テグジュペリ原作『星の王子さま』を挿入して人形を使って劇を異化したり、『毛皮のマリー』に

隠されていた点灯夫の猥雑さを過剰に露出したりしたおかげで、むしろ、寺山版『星の王子さま』が抱えていた抒情性を切り捨てることが上手くいったのかもしれない。

　むろん、池の下の寺山版『星の王子さま』が古臭いというのではない。むしろ、池の下の寺山版『星の王子さま』を見ると、寺山がサン＝テグジュペリの『星の王子さま』に反発したばかりでなく、むしろ共感していたことの両面をよく表している。

　宇野氏は、寺山版『星の王子さま』とサン＝テグジュペリ原作『星の王子さま』を同じ舞台にのせて、寺山がサン＝テグジュペリの『星の王子さま』から如何に影響を受けていたかを表したかったのではないだろうか、という推論が浮かび上がってくる。

　だから、宇野氏が脚色した寺山版『星の王子さま』とサン＝テグジュペリ原作『星の王子さま』の抒情性を衝突させることによって、寺山版『星の王子さま』とサン＝テグジュペリ原作『星の王子さま』にある両作品のリリカルな詩情を希薄にし、弱めたのではないか。

　つまり、寺山版『星の王子さま』は『毛皮のマリー』と比べるとドラマとして迫真性が希薄である。その理由のひとつは、寺山版『星の王子さま』はサン＝テグジュペリの『星の王子さま』のようなリリカルな詩情が濃厚なためではないだろうか。

　寺山は、悲劇の後、同じ悲劇を上演すると、悲劇ではなく喜劇になってしまうと言っている。

　　観客は「観る」のではなく「観せられる」のであり、観客の自由は「思いだす」行為、二度目の喜劇としてしか手に入れる事の出来ぬものになってしまっているのだ。[4]

　だが、宇野氏のように悲劇と悲劇を並べ合わせてしまうと、逆に、大人の童話風でボードヴィル的な仕上がりになって『星の王子さま』が出来上がっ

てしまったのではないか。

　このように見ていくと、劇団：池の下の寺山版『星の王子さま』は寺山の抒情性を追及するには意義があるにしても、寺山がサン＝テグジュペリ原作『星の王子さま』に加えた批判が見えにくくなってしまったのではないだろうか。その意味でいえば、宇野氏が寺山版『星の王子さま』から最も抒情的な台詞：カール・クラウスの詩をカットして寺山の抒情性を排除したことには意義があるかもしれない。しかし、宇野氏が、産湯と共に赤子も流し去ってしまったことも確かだ。

　さて、寺山は『レミング』の結末で言っている。

　　世界の涯てとは、てめえ自身の夢のことだ[5]

　サン＝テグジュペリの星の王子さまも寺山の星の王子さまも世界の果てに行ってしまうが、寺山の場合少し事情が違う。それは寺山の「世界の涯て」とは「あの世」であるが、実は、寺山の場合「あの世」とは「子宮」でもあり、言い換えれば、「あの世」とは母の胎内になり最も身近なところに存在することになる。しかしながら、人は誰でも、幾ら遠くへ行っても、母の子宮ほど遠い世界はない。寺山は、既に、『毛皮のマリー』でそのコンセプトを表していた。『毛皮のマリー』の舞台は子宮を象徴的に表している。子宮は時間的には最も遠くて可逆性の無い世界であるが、子宮は場所的には最も近い世界でありながら、手の届かない胎児の夢の世界でもある。

　さて、寺山がチェーホフの『桜の園』の最後の場面からどのような影響を受けたか分からない。実際に、桜の園は古い世界で消えてしまった過去の世界である。『桜の園』の結末で、皆が立ち去った後、老執事のフィールスが横になって死の準備をする。その姿勢は胎児のように丸くなっている。老執事の姿勢は死の姿であり同時に胎児の生命力を表している。死は世界の涯てにあるが胎児は女性の子宮にもある。[6]

　『毛皮のマリー』の結末では、世界の果てに行ったはずの欣也が、マリー

の呼びかけでこの世"子宮"を模った舞台に戻ってくる。また、寺山が『青ひげ公の城』の結末で言う、「月よりも、もっと遠い場所……それは、劇場！」[7]といっているのは、どこかしら『桜の園』の最後の場面との符号が見えてくる。そして、同時に、寺山の死のコンセプト「劇場」が誕生した背景も出てくる。

5 『毛皮のマリー』

　宇野氏が寺山版『星の王子さま』に『毛皮のマリー』を劇中劇として引用したのは両作品がコインの裏表の関係にあるからであろう。そして、恐らくもうひとつの理由は寺山版『星の王子さま』には暗示として示されているけれども、はっきりと明確に表されてはいなかったコンセプトが『毛皮のマリー』にあるから、宇野氏はそのコンセプトを『星の王子さま』と『毛皮のマリー』にダブらせることによって強調できると考えたかもしれない。

　また、点子の男装したオーマイパパ役のママが点灯夫と恋をし、天の川に落ちていった。この天の川が象徴するのは黄泉の国でもあり、快楽が基となって点子が誕生したのでもある。しかも、その天の川は、快楽の基となった点子のパパがいた異界でもある。

　寺山がマルクーゼの『文明的エロス』を読んでタナトス（死）とエロス（快楽）の概念を知っていたから、死の世界を象徴的に表している天の川を、点子の男装したママが点灯夫との愛（エロス）の象徴として表したのであろう。しかし、その天の川は書割に過ぎないのだから、点子は本物の星空を求める。そして、点子の台詞はカール・クラウスの言葉と繋がっていく。

　　言葉が
　　死ぬとき
　　めざめる
　　世界よ[8]

さて、ハロルド・ピンターが『昔の日々』の中で、アナを通して言っているように、この世で起こった事と起こらなかったことですら線引きするには曖昧である。

アナ　決して起こらなかったかもしれない事でさえ、憶えているってことがあります。決して起こらなかったかもしれないけれども、憶えていることがある。けれど、その事を思い出せば、その通り起こったことになるのです。[9]

　ピンターの言葉を援用すれば、点子の言う本物の遠い星の世界も、結局決して見えなかったかも知れず、嘘なのかもしれない。というのは、誰も、世界の涯てに行ったことがないからである。それはまた、ハムレットが言うように「死の世界から帰ってきた人は誰もいない」[10]からでもある。
　宇野氏が寺山版『星の王子さま』に『毛皮のマリー』を引用したのは、もしかしたら、マリーの部屋が「子宮」（＝「あの世」）を表しているからかもしれない。従って、マリーの部屋は「あの世」を象徴しているのであるから、宇野氏はその意味を『星の王子さま』で暗示として二重に示して表そうとしたのかもしれない。
　ところで、宇野氏の人形が狭い舞台からあの世に行けないで宙ぶらりんにぶら下がっているのは滑稽である。
　サン＝テグジュペリの小説『星の王子さま』のように星の王子さまが星になったのではなく、宇野氏演出の星の王子さまのように舞台上を高くぶら下がった状態を示すことによって、むしろ、星の王子さまは糸によって、舞台という子宮と繋がっていることを表したのではないか。そのためには、宇野版『星の王子さま』の中に『毛皮のマリー』の舞台装置を暗示する必要があったのではないか。

6 まとめ

　宇野氏は寺山版『星の王子さま』の結末をあえて表さないで演出した。つまり宇野版『星の王子さま』では、点子が「言葉が眠るときかの世界が目覚める」と語る台詞を言わないで終わる。すると、宇野氏の『星の王子さま』では、点子が重要な台詞を省略した意味が二重化する。要するに、宇野氏の『星の王子さま』では、言葉のない、そして、描写もないエンディングというものがあるかもしれない。宇野氏の『星の王子さま』は、そんなことを考えさせる結末であった。

　さて、寺山版『星の王子さま』が初演されたとき、むろんサン＝テグジュペリの『星の王子さま』のエンディングはなかった。もともと、寺山版『星の王子さま』にも、やはり、サン＝テグジュペリの『星の王子さま』に忠実な言葉のない、そして、描写もないエンディングがあった。

　初演当時、寺山版『星の王子さま』を見に来た観客は、サン＝テグジュペリの『星の王子さま』の結末がないので、寺山版『星の王子さま』を見ながら、観客自身がサン＝テグジュペリの『星の王子さま』の結末を想像したかもしれない。そんな苛立ちを半世紀後の寺山版『星の王子さま』の再演の結末で、今度は、宇野氏は、逆に、サン＝テグジュペリの『星の王子さま』の結末を点子の台詞の代わりに置いて、サン＝テグジュペリの『星の王子さま』の台詞で終わらせたのかもしれない。

　それだけではない。半世紀前、寺山版『星の王子さま』の初演を見に来た観客は、むしろ、もうひとつの片割れのドラマ『毛皮のマリー』のエンディングを思い描いたかもしれない。つまり、『毛皮のマリー』初演当時のエンディングでは、銀座界隈のバーのママさんたちが舞台に登場したというが、再演の宇野氏演出の寺山版『星の王子さま』では、『毛皮のマリー』のように往年の歌い手たちがステージに上がり時代という大河の藻屑として消えた歌を披露した。

こうして、半世紀後の寺山版『星の王子さま』の再演は、多次元化した寺山の世界を表した。その意図は、宇野氏が寺山版『星の王子さま』を上演した当時の寺山の内面生活を表すのに必要だと感じたのかもしれない。
　けれども、一方で、そのために、寺山版『星の王子さま』のドラマツルギーは希薄になってしまった。
　元・天井桟敷の女優さんが、宇野演出による『星の王子さま』の終末で語ったように、舞台崩しの寺山版『星の王子さま』のエンディングとは異なる宇野版『星の王子さま』で再演の舞台は終わる。
　宇野版『星の王子さま』の脱構築は、およそ40年前の寺山版『星の王子さま』の結末をカットしただけでなく、寺山がよくやるように、宇野氏は寺山版『星の王子さま』をサン＝テグジュペリの『星の王子様』の幾つかの場面を挿入して寸断したばかりでなく、人間ではないパペットを使ってドラマを異化した。その意味では、宇野版『星の王子さま』は寺山の芝居には見えなかった地平を表してくれたことでは画期的な再演であった。
　また、寺山の劇から新しさを引き出すためには多大な犠牲を払わねばならないことも露呈した。
　更に、寺山劇が、宇野氏のような人形劇のような重要なモメントがあることも示してくれた。シーザーが音楽を主な武器として寺山の劇を再構築しているように、宇野氏は人形劇を主たるコンセプトとして寺山の劇を再演した。或いは、映像作家の安藤紘平氏は映像でもうひとつの世界を切開いて寺山の世界を再構築している。
　宇野氏の『星の王子さま』上演は、改めて、寺山の演劇が、俳優、人形、音楽、映像などから複眼的に構成されていることを証明してくれた。
　更に、宇野氏の『星の王子さま』は寺山修司の『星の王子さま』と『ある男、ある夏』に挿入された『星の王子さま』のエピソードと連動していることを気がつかせてくれた。
　2015年になって名古屋・伏見のG/pitで鹿目由紀氏は『ある男、ある夏』と『星の王子さま』とをつないで演出した劇は二作が一卵双生児のように繋

がっていることを明らかにして見せてくれた。

注

1) Cf. Saint-Exupery, de Antoine, *Oeuvres completes II* (nrf Gallimard, 1999)
2) Marcuse, Herbert, *Eros and Civilization, Philosophical Inquiry into Freud* (Becon Press, 1955), "Das Wort entschlief, als jene Welt erwachte." p.145.
3) 『寺山修司の戯曲』第1巻（思潮社、1986）、144頁。
4) 『寺山修司演劇論集』（国文社、2000）、43頁。
5) 『寺山修司の戯曲』第五巻（思潮社、1986）、155頁。
6) Cf. Chekhovs, Anton, *The Cherry Orchard* translated by Ronald Hingley (Oxford U.P., 1977), p.294.
7) 『寺山修司の戯曲』第九巻（思潮社、1986）、68頁。
8) 『寺山修司の戯曲』第四巻（思潮社、1986）、83頁。
9) Pinter, Harold, *Old Times* (Grove Press, 1981), pp. 27-28. "Anna : …. There are some thing one remembers even though they may never happened. There are things I remember which may never have happened but as I recall them so they take place."
10) *The Complete Works of William Shakespeare* (Spring Books, 1972), p.960. "Hamlet : …. No traveller returns"

3　馬場駿吉の「不易流行」と天野天街の『トワイライツ』に於ける不死の世界

清水　義和

1　まえおき

　俳人の馬場駿吉氏は、俳聖松尾芭蕉の「不易流行」に触れ、どんなに時代が変わろうとも、常に変わらないものがある。それが芭蕉の「不易流行」だと論じている。

　　閑さや岩にしみ入る蝉の声

　上の俳句は、芭蕉が、時代がどんなにうつろうとも、季節が廻れば蝉が必ず鳴くのが自然の摂理であると説いている。
　寺山修司が描いたラジオドラマ『まんだら』(1967) では、死者のチサが再びこの世に生まれ出て、自分の前身であったフミの生家を訪ねる。しかし、チサの前身フミの父親であった古間木義人は「逢えないね。(一人言のように)こんなことはよくあるのだ。祭りの前夜の空さわぎ、風が吹きすぎれば、ものはみな、あとの祭り！」[1]と言って家の中に入れない。だがそこへ後を追いかけてきた死神の東京の男1と男2が現れ、車でチサを轢き殺して再びチサをあの世へ連れて行ってしまう。
　更にまた、寺山が書いた詩集『地獄篇』(1970) では、語り手の'ぼく'が語る物語として、'ぼく'の妹スエが一度死んだが生き返って棺桶から出てくるエピソードがある。妹スエの本当の名前はチサであるというが、妹スエの話によると六歳のとき死んだが、後になって息を吹き返し棺桶から出てきた場所は自分の生まれた場所ではないという。'ぼく'が妹スエの生まれ

た場所十三潟村を訪ねてみると、そこにはチサがかつて居た蹄鉄屋の義人の娘チサが三年前に死んで今はもう居ないということが明らかになる。

　一度死んだ人の魂がもう一度この世に戻り元の身体に戻って再生する話は、日本の説教節の『小栗判官』にある。また、チェコスロヴァキアにもレーウ（レーヴ）というラビが泥人形のゴーレムの舌下にシェムを置いてお祈りをするとそのゴーレムは生き返る民話がある。カレル・チャペックはその民話をもとにして『R.U.R.（ロボット）』を劇化した。

　さて、死の国ついて小説や芝居や映画になった時期が戦前のヨーロッパにあった。第一次世界大戦下にあった当時のヨーロッパは、惨禍が人々に地獄絵となって重くのしかかっていた。その時代にはヴェルナー・ヴァルジンスキーが小説『死者の国へ』で、ちょうどギリシャ神話の『オデュッセイア』でオデッセイがキルケのために冥界に連れ込まれるような死の国を書いた。更に、ヘルマン・カザックは『流れの背後の市』でヒットラー亡き後にリアリズムを排除した死者の国を書いた。それぞれの小説では死者たちの国が克明に描かれている。更にまた、ジャン・コクトーはギリシャ神話をもとにした詩劇『オルフェ』を書き、オルフェが死んだ妻エウリュディケーを冥界に求める劇を上演し映画化した。また更に、実存主義者のサルトルは、シナリオ『賭けはなされた』で、死んだ男ピエールがもう一度この世に蘇るドラマを描いた。一体、寺山が当時欧州で死の国を描いた文芸をどれほど知っていたのだろうか。ともかく寺山は『まんだら』の中で、盲目の女に「死の国」や「地獄」（193）について語らせている。

　第一次世界大戦下のヨーロッパでは、他にもバーナード・ショーが『傷心の家』や『真実すぎて返って悪い』で戦争の惨禍を描き、プルーストは『失われた時を求めて』で主人公マルセルの親友サン・ルーの悲惨な戦死を克明に描いた。これらの作品が書かれた背景には未曾有の第一次世界大戦で破壊され廃墟と化した町があった。

　寺山は第二次世界大戦で青森空襲の惨禍をもとにしたエッセイ『誰か故郷を想はざる』所収の「空襲」を書き、他に『疫病流行記』で父親の八郎が戦

病死したドラマを南方のセレベス島を舞台にして戦争の爪痕を描いた。寺山が戦争体験をもとにして書いた作品には人間が死に直面して極限状態に陥った時に抱く疑問「自分とは一体何者なのか」にたいする問が共通して見られる。実際、寺山は『誰か故郷を想はざる』で、自分とは「誰だろう」と自問し、或いはラジオドラマ『まんだら』の中ではチサに「あたしが一体、だれなのか？」(184)と、まるでゴーギャンが描いた『我々は何処から来たのか。我々は何者なのか。我々は何処へ行くのか』の絵画の題名のように自問させている。

　寺山は、死者の痕跡のようなものを、『まんだら』や『地獄篇』の中でチサやスエの死後の物語として書いている。だが、いっぽうで、作者の寺山は人間が死んでしまえば、たとえチサやスエが作品の中で生き続けるにしても、サチやスエは作品を延長して新しい時間軸の中でそれ以上に死を生きることは出来ないと考えていた。だから、寺山は、生の本体の身体が死ねば死も死に、死者はホルマリン漬けのように、映像や録音や写真や作品の中に閉じ込められて、他人が死者に何を聞こうとしても死者は化石のように何も答えはしない。例えば『誰か故郷を想はざる』では、寺山は「生きている人は死んだら死も死ぬ」[2]と述べている。

　けれども、この寺山の自問は、実存哲学者サルトルが『賭けはなされた』で書いた死んだピエールが再生する不可解な場面を見たとき一体どのように反応したのだろうか。というのはサルトルが描いたピエールの死と復活を見ていると、不条理な死者のイメージがパラドキシカルに思い浮かんでくるからである。ともかく、実存哲学的に考えれば、サルトルにしても自分が死んでしまえば、もはや死んだ自分は何も語ることは出来なくなることは自明の理であった。だから、当然寺山も生きている人が死んでしまえば、死も死んでしまうと考えたと思われる。けれども、寺山はサルトルが書いた不可解なピエールの亡霊を見たとき「自分とは一体何者なのか」という不条理な存在を反射的に今一度問い直さざるをえなかったのではないか。そして寺山はこの無機質な死についてもう一度考えざるを得なかったのではないだろうか。

後になって、寺山は『中国の不思議な役人』で中国の役人の死と復活をドラマ化することになる。

寺山は実存主義者サルトルの『賭けはなされた』を読み、或いは映画を見て、死者のピエールが亡霊となってスクリーンに現れるのを眼前にしたとき、逆説的であったにせよ、その時、もしかしたら不死のコンセプトを思いついたのではないだろうか。

いっぽう、天野天街氏は短編映画『トワイライツ』を制作しているが、映画では電車に轢かれた少年東山トウヤが、自分が死んだという過去の事実を認めることが出来なくて自分の家に戻ろうとする。ところがトウヤは家の中には入れてもらえない。しかも家の中では少年トウヤの葬式を行っている。

つまり、寺山にしても、天野氏にしても、彼らのドラマや映画の中に現実の時間だけでなく過去の失われた時間と一緒にドラマや映画が進行しているようなのだ。例えば現実の時間と過去の失われた時間の整合性を考える場合にヒントとなるのは、縦軸の現在と過去の歴史的時間軸を、横軸の自国の時間空間と異国の時間空間の地理的時間軸とを九十度角度を変えて整合してみると明らかになる場合がある。実際寺山は見知らぬ土地や異国への憧れが強かった。だから寺山が海外公演を何度も繰り返したのは、その理由のひとつとして寺山はいわば異国で異邦人から失われた過去の時間を取り戻す得る機会になったからかもしれない。寺山は『誰か故郷を想はざる』に書いている。

> すかんぽかうめの咲いている道を歩きながら「たしかに、ここは前にも一度通ったことがあるな」と思う。すると、それは生前の出来事だったのではないか、という気がしてくるのである。(12-13)

文化人類学者のミルチャ・エリアーデは異国の文化や異邦人に接することによって、自国の文化の中で未だ明確に分らなかった部分が鮮明になることがあると述べている。或いはまた、コリン・ウイルソンは『オカルト』の中で性的オルガスムがもたらすエクスタシーによって、あたかも間欠泉ように

一瞬のうちに、現実の世界とは全く異なる空間を一瞬にして全貌を認識すると述べている。それはもしかしたら失われた過去の時間を垣間見ることなのかもしれない。

　天野氏は、自分のドラマの中でリフレインを多用する。だが、天野氏が見知らぬ異界の出来事を何回も繰り返し観客に提示するので、観客は暗示をかけられたかのように何時の間にか見知らぬ異界の出来事に慣れ逆に日常の出来事が益々希薄になって、次第に日常のほうが異化していることに気がつく。更に、天野氏はありえない異界の出来事を数学の公式にように辻褄を合わせていくので、気がつかないうちにマジックやパラドックスが機能して、非日常的な異界の世界が日常の世界のように見えてきたりする。だから天野氏の『トワイライツ』にある非現実の世界も交通事故で少年遠山トウヤが死んだというリアリティーを知っていながら、観客は知らず知らずに迷い込んだ冥界が奇妙な具合にリアリティーを帯びてきて現実の世界の出来事を見ているような錯覚に陥ってしまう。

　従って、そのような異邦人的な視点や精神集中の観点から寺山の『まんだら』や『地獄篇』と天野氏の『トワイライツ』の異界を見比べていると、何時の間にか我々が住んでいる現実の社会の方が見知らぬ国のように逆転し、あべこべに死に絶え失われた過去は一瞬のうちに鮮やかに蘇ってくるようにみえる。死の床にある人は、死の旅路で、走馬灯のように瞬時に人生を振り返るといわれる。或いは、胎児は子宮の中で太古から近代まで極めて短時間のうちに辿っているともいわれる。死に絶え失われた人生にしても、或いはまた、人類の過去の歴史にしても、間欠泉のように一瞬にして思い出すときがある。その一瞬を書き留めることは容易ではないが、精神を集中すれば凝縮した膨大な時間を高角度レンズで写しとるようにして読み取ることが出来るかもしれない。寺山や天野氏が展開する劇や映画はそうした異次元の世界を表している。

　本稿では、寺山が『まんだら』や『地獄篇』に表し、また天野氏が『トワイライツ』に表したメッセージを異次元世界から送られてくる暗号として解

析する試みである。

2　テネシー・ウィリアムズの『欲望という名の電車』

　ミドルトン・シングが書いたドラマ『海に渡り行く者』には、アイルランドの島々の女性が荒海に向かって漁に出た男たちの死を悼む話である。大時化の海に出かけることは危険であるが、漁民は荒海で漁をしなければ生計をたてられない。そこで、男たちは海に出て漁をするが大抵遭難して死ぬ。後に残された女たちは自分たちがおかれた運命を呪う。この死者を悼む話と似たドラマが、テネシー・ウィリアムズの『欲望という名の電車』の中にある。その場面では心の病に苦しむブランチが弔いの花を売る盲目の女性の声を聞きながら、臨終の床にある男を、不治の病を患った女性が人生を呪い嘆き悲しむのを思い出している。

　　She is a blind MEXICAN woman in a dark shawl, carrying bunches of those gaudy tin flowers that lower-class Mexicans display at funerals and other festive occasions.[3]

　更に、ウィリアムズは『欲望という名の電車』の第九場で、ブランチがモノローグのような台詞を語る。

　　MEXICAN WOMAN: *Flores. Flores. Flores para los muertos. Flores. Flores.*
　　BLANCH: What? Oh! Somebody outside … I-lived in a house where dying old remembered their dead men... (.205-206)

　寺山は、ウィリアムズが『欲望という名の電車』の第九場で、記している殆ど同じト書を『青ひげ公の城』の中で引用している。ある意味でこのブラ

ンチの台詞はシングの『海を渡り行く者』の悲惨な女性の呪いと幾分似ている。寺山は、他にもウィリアムズの作品『去年の夏突然に』や『焼けたトタン屋根の猫』や『話してくれ、雨のように……』などに傾倒した時期があった。例えば、寺山は、唐十郎氏との対談で明言している。

　　寺山　ぼくは昔、テネシー・ウィリアムズの台詞にしびれたね。ジロドゥもそうだ。あの頃の演劇は「文学」だったんだよ。[4]

　寺山はウィリアムズのドラマを好んだが、殊にウィリアムズの『欲望という名の電車』をこよなく愛した。『欲望という名の電車』の中では死者を弔う花売り女が出てきて近所の人に花を売り歩くのをブランチが耳傾け臨終の場面を思い出す場面があるが、寺山はこの臨終場面に惹かれ『青ひげ公の城』に引用している。恐らくその理由のひとつは、寺山が描くドラマの中で心の病を患った女性が、『星の王子さま』や『青ひげ公の城』に登場し弔いの花売りが弔いの花を売る台詞をリフレインのように繰り返し耳傾けさせているからである。

　さて、『欲望という名の電車』の中でブランチは弔いの花売り女の声を聞きながらピストル自殺した男性を思い出す。この場合、ある意味で、ブランチは男性を思い出しているだけでなく、死者と交流しているのであろう。このように、寺山は『欲望という名の電車』のなかで、死者を弔う花売り女が花を売り歩く場面がよほど気に入ったらしく、この場面を『ある夏、ある男』や『青ひげ公の城』の中にも引用している。また『欲望という名の電車』の終幕近くの第十一場には、ブランチが精神病院に連れていかれる場面がある。

　　The MATRON releases her. BLANCHE extends her hands towards the DOCTOR. He draws her up gently and supports her with his arm and leads her through the portieres. (225)

寺山は『青ひげ公の城』の結末で『欲望という名の電車』の第十一場の場面を思わせる場面を仕立てている。だが、寺山はブランチが精神病院に連れていかれる悲惨な場面展開を自作で使わなかった。恐らく寺山は精神病をリアルに描くよりも心の病を暗示に止めるほうがもっと悲痛な気持ちが観客に伝わると考えたようである。

或いはまた、ミルチャ・エリアーデは日本神話のイザナギとイザマニを例に取り天界と地界との聖体婚姻と同時に地母神によってのみ行われる創造について次のように述べている。

Izanagi pronounces the sacramental formula for separation between, and then go up to heaven ; while Izanami goes down for ever into the subterranean regions.[5]

エリアーデが論述する天界と大地との聖体婚姻は、シングやウィリアムズや寺山のドラマが表している生者と死者の別離の問題と何処か遠いところで互いに響きあっているように思われる。さて、ソートン・ワイルダーが書いた『わが町』では不慮の事故で死んだ女性エミリーがあの世からこの世に戻ってくる。或いはまたバーナード・ショーが書いた『聖女ジャンヌ・ダーク』の「エピローグ」夢の場で、昔兵士が、ジャンヌが火刑にあっているとき彼女に粗末な木で組み合わせた十字架を与えた善行により一年に一度だけこの世に来ることが出来る。死者がこの世に戻ってくる話は、芥川龍之介が書いた『蜘蛛の糸』でも、悪人が一度だけ生前に善い事をした報いで地獄から抜け出す挿話と似ている。更に、天野氏の『トワイライツ』では遠山トウヤ少年が本能的に帰郷願望を懐きあの世からこの世に魂の憩いの地を探し求める。ところが、寺山の場合には、『身毒丸』や『草迷宮』では、更に、しんとく丸や明少年は女人の声に惹かれて、この世からあの世への子宮回帰「お母さん！もう一度ぼくをにんしんしてください」に憧れる。

寺山と天野氏のドラマに共通したテーマは夢の中の出来事のように幽かで

あるが、恐ろしい記憶と繋がっている。つまり、人は誰でも有りえない出来事に怯える。しかしありえない出来事の異界の方が現実の社会よりも根が深くて底なし沼のように深淵である場合がある。その意味では寺山と天野氏の魔界は、現実にはないがむしろシュルレアリスムや夢の世界と繋がりが生じてくる。

　更にまた、死のイニシエーションとは幾分異なるが、シャーマンの修行のように死と再生のイニシエーションから、やがて寺山の映画『田園に死す』に描いた恐山の霊媒師"いたこ"の口寄せがある。寺山は文化人類学に関心を持ち、シャーマニズムにも興味を持っていた。古代のシャーマンは現代の精神医科医のように心の病を持った人を癒して治療した。寺山はシャーマニズムの影響のせいか、天野氏と比較して心の病の痕跡を明確に映画やドラマに刻印を残している。しかも寺山が東西の文化から影響を受けて作品を書いた。例えば、谷崎潤一郎は『人魚の嘆き』で東洋の人魚伝説に基づいて妖精物語を描き、やがてそこから迂回して西洋の人魚伝説に傾倒していったが、同じように、寺山は『身毒丸』や『草迷宮』で、『小栗判官』や『しんとく』の説教節に基づきつつ、やがて西洋のシングの『海に行く騎者』の女人たちやウィリアムズの『欲望という名の電車』の死者を弔う花売りにまで迂回して死者を弔う物語を描いたのである。更に寺山はそこから更に文化人類学やシャーマニズムやギリシァ神話の豊饒の女神デメテルが示唆している子宮回帰を経て、地母神の源泉である妖精の源をロジェ・カイヨワが『石』で論じた"処女水"にまつわる太古の妖精物語にまで遡ってドラマを描いている。

3　寺山修司の『まんだら』

　寺山は『欲望という名の電車』に出てくる弔いの花を売り歩く女の場面が好きであったとみえ、自らのラジオドラマ『まんだら』に繰り返し使っている。

七草の女　花はいかが　花は…
　　　　　葬儀の花なら　ぼたん　きく（187）

　また、寺山は『まんだら』で、コクトーの『オルフェ』の神話や『日本書記』にあるイザナギとイザナミの神話をコラージュして使っている。殊に、『まんだら』では、謙作が死んだチサを振り返ってみてはいけないという場面があるが、これと似た場面が『日本書記』にあるイザナギとイザナミの神話やコクトーの『オルフェ』の詩劇に出てくる。

　　チサの声　でもあなたがふり向くとあたしは消えてしまうでしょう。（201）

　言い換えれば、寺山は死のイニシエーションを自分のドラマに重要なエレメントとして使っている。例えば、キリスト教文化圏のドラマでは受難や殉教と復活のテーマが重要なモメントを占めている。他方、寺山の『田園に死す』では、恐山に死者が集まる霊場が舞台となっていて、化鳥が「母さんどうか生きかえってもう一度あたしを妊娠してください」と言う場面は、死と再生のイニシエーションを映画化しているところである。また寺山の『まんだら』は仏教的な色彩の強いテーマが見られるが、寺山の場合、文化人類学やニーチェの永劫回帰からの影響が見られ、しかも寺山固有の土着性とシュルレアリスムが劇の核のところで同居している。更にまた寺山の映画や演劇には、夢が大きな要素として機能し、茫漠とした夢の中で、常に解けない謎が、迷宮の世界を茫漠としてドラマの底辺に横たわっている。

4　寺山修司の『田園に死す』

　萩原朔美氏は、「寺山の作品の多くはあの世からこの世を見ている」と言う。寺山の『田園に死す』には、葬式の時に使われる「指差しマーク」が使われ

3 馬場駿吉の「不易流行」と天野天街の『トワイライツ』に於ける不死の世界

ていて、映画はこの世ではなくあの世を指しているように思われる。

映画の冒頭の場面では墓場で子供たちがかくれんぼしているショットがある。その直後に、子供たちは一瞬のうちに行方不明になり、代わりに戦争で亡くなりセピア色をした大人たちが現れる。この大人たちは死者のようであり、寺山の死んだ父・八郎やその戦友のようでもある。また映画に出てくる柱時計は壊れて止まっていて現実の世界ではない事を示している。少年時代の'私'は、恐山に登りイタコに会って死んだ父と話をするが、恐山は何よりも現世と離れた高所にあり、道徳劇で表される天界に近いことを暗示している。更に、汽車は、歌舞伎の男女の道行きを表す道具として使われているようで、鉄道線路沿いには葬式の時に使われる「指差しマーク」が表れ、葬儀場へ向う汽車のような雰囲気がある。このショットと似た場面が天野氏の『トワイライツ』に出てくる。或いは、寺山は『田園に死す』の中で、恐山にある三途の川のショットを、化鳥と嵐の心中や赤子を川に流して死なす場面の伏線として効果的に使っている。また映画『田園に死す』は映画の途中で突然中断して、20年前の自分と現在の自分とを一緒に並べて、自分とは一体何者かという問題を表している。

寺山は、文化人類学者のレヴィ＝ストロースやフレイザーやマルセル・モースやエリアーデを読み知識欲旺盛だった。恐らく早ければ寺山は既に青森高校時代から、或いは早稲田大学の学生時代にネフローゼで入院していた頃文化人類学に興味を持っていたかもしれない。また『田園に死す』にもボルヘスが引用されているが、森崎偏陸氏によると「寺山はボルヘスと同じ時期に「不死」のコンセプトを持っていた」という。

寺山の『大山デブ子の犯罪』や『まんだら』の台本を読むと、寺山がレヴィ＝ストロースやフレイザーやマルセル・モースやエリアーデの文化人類学から得た知識が透けて見える。『青森県のせむし男』や『毛皮のマリー』にしても、寺山は見世物の復権を掲げて上演したのだが、少なくとも寺山はシャーマン的なお祭りのコンセプトをその当時から持っていたと思われる。

5　天野天街の『トワイライツ』

　天野氏の『トワイライツ』は、あの世とこの世との境目、例えば、ケルトの薄明は、昼でもなく夜でもない中間地帯でありこの時刻には妖精が出没するトワイライトの時間帯を描いている。遠山トウヤ少年は電車に轢かれて死んだのでこの世の人とは会話が出来ない。トウヤはこの世の人との気持ちの交流をスクリーンにインポーズされた文字で表している。ちょうど、ソートン・ワイルダーの『わが町』で死んだエミリーが現実の世界の人と会話が出来ないのと状況が似ている。

　映画『トワイライツ』にしばしば表れる柱時計は三時を示したまま止まっている。その時刻はトウヤが事故にあい死んだ時間なのだろうか。それに元来スクリーンの出来事は現実や歴史のように進行する時間が存在しないからいわば不死の世界を表している。また、映画『トワイライツ』には葬式の場面が出てくる。いわば、スクリーン上ではトウヤがあの世からこの世の自分の葬式場面を見ている。それに祭壇に飾られた遺影はトウヤのものである。トウヤと遺影の関係を見ていると、寺山が好んだマルセル・デュシャンから「ぼくは不完全な死体として生まれ何十年かかって完全な死体となるのである」のアナグラムを産みだすことになったことを思い出させる。

　また、トウヤが映画館でスクリーンに映された自分自身の姿を見る場面がある。そのスクリーンには、ついさっきトウヤが映画館に入ってきた様子が監視カメラで撮影されたように、そのままトウヤがスクリーンに映しだされている。つまり、天野氏の映画は過ぎ去り失われた時間を、今度は映画のスクリーンに再生することによって、まるで今まで生きていてその直後死んだ人間の映像をカメラに撮って、それを巻き戻して再生し、死者を生き返らせているかのようだ。つまり、まるで映画は失われた時間をスクリーン上に取り戻したかのように、映像を再生して死者を再生しようとしているようなのだ。しかも、トウヤは死んだ事になっていて、そのうえ映画の中に出てくる

他の人たちのもセピア色に変色した古い写真のようにスクリーンにインポーズされ、コラージュ風に画面に張り付き死の国を表しているかのようである。

　映画『トワイライツ』には汽車が出てくるが、トウヤが汽車に轢かれて、あの世へ連れ去られていくようだ。更にまた、映画のスクリーンには火の見櫓や屋根などの高所が示される。恐らくこの火の見櫓はトウヤが高い天上から下界を見下ろす構図を表しているらしい。しかも、いつもトウヤ少年と一緒にいる黒マントを着た男はメフィストファレスのような風貌で火の見櫓を伝って天界にまで達しようとしている。

　更に、映画ではトウヤが棺桶に入りそこから出てくると海辺の光景が表れる。この水辺の光景は羊水のようでもあり子宮回帰を表しているように見える。また駅のプラットホームが出てくるが、少年が到達する駅名は終着駅である。終着駅はサローヤンの「あらゆる男は命をもらった死である」のフレーズを思い出させる。

　しかし、生が終わるところで死も終わる。トウヤは自分の死を認めないが、まるで旅人が終着駅に着いてほっとして「おしまい」とつぶやいた瞬間、安堵感もないうちに、死がトウヤと共にスクリーンから搔き消えてしまう。

　これまで見てきたように寺山と天野氏の作品を比較してみると、天野氏の『トワイライツ』の多くの場面は寺山の『まんだら』や『地獄篇』や『田園に死す』の影響が見られる。例えば、馬場駿吉氏は「天野氏の映画で示される止まった柱時計や葬式の場面や表札の「遠山」は寺山の柱時計や葬儀用のマークと似て、あの世からこの世を見ている構図が寺山と似ている」と指摘している。天野氏の『トワイライツ』に出てくる表札の「遠山」と少年「トウヤ」は柳田国男の『遠野物語』をコラージュしたもののようである。

　また、天野氏は文字を解体して、そのバラバラの解体した文字をコラージュして独特の新しい文字のイメージを生み出している。いっぽう、寺山の場合は伝統的な俳句や短歌のフレーズを解体しコラージュして新しいイメージを作った。しかし、寺山は、天野氏のようにイラストレーターの感覚で文字そのものを解体して新しい文字のイメージで映画を作ってはいない。少な

くとも、天野氏は寺山のように俳句や短歌を映画にインポーズして寺山の映像を模倣しなかった。天野氏の映画を見ていると、彼の父親が営んだ漫画の貸し本屋や彼が生まれ育った原風景が透けて見えてくるようだ。

　天野氏の『トワイライツ』では、トウヤ少年が、ソートン・ワイルダーの『わが町』で死んだエミリーようにこの世とあの世を往き来している。いっぽう、寺山の詩集『地獄篇』やラジオドラマ『まんだら』やラジオドラマ『ある男、ある夏』やドラマ『青ひげ公の城』や映画『田園に死す』でも、死者たちがこの世とあの世を往き来している。けれども、寺山の場合、人は皆スクリーンに入って不死の人になるという考え方があり、舞台もスクリーンと同じように不死の人が行き交う異次元空間としてステージ化している。

　いっぽう、シングやウィリアムズの劇は、芝居が終われば皆それぞれの俳優に戻っていく。だが寺山は、『青ひげ公の城』で、ブランチは舞台が終わった後どうなるか述べている。つまり寺山はブランチが舞台で芝居が終わった後もブランチであり続けると書いている。言い換えれば、観客はブランチを舞台でしか考えていないが、寺山の手にかかると、ブランチは死霊のような思いが残って俳優に憑依し、その俳優が劇場から出てからも一緒に生き日常生活をしている姿を描いているのである。

　明らかに、寺山のキャラクターは、ちょうどノエル・カワードの『ブライト・スピリット』の幽霊のように不死の人として生きている。一方、天野氏の『トワイライツ』に出てくるトウヤは映画がスクリーンで上映される度にあの世とこの世を行き来する人として登場する。

　或いはまた、天野氏は他に自作の『平太郎化け物日記』で鶴屋南北風な妖怪の世界を描いている。他方、寺山も『小栗判官』のような妖怪の世界を『身毒丸』のしんとくに描いている。だが、寺山は、更に文化人類学や構造人類学の視点を活用し、失われた過去の世界を押し広げて、古代の儀式や慣習が未だ死滅せず今なお先住民の間で生きている現実を応用し、寺山の映画『さらば箱舟』では沖縄の先住民が太古の死者の霊と交流する姿を描いた。そこで、もしもこの世を現代とみて、あの世を古代と仮定するならば、いわば現

3 馬場駿吉の「不易流行」と天野天街の『トワイライツ』に於ける不死の世界

代の機械文明に先住民族を同居させると、あたかも現代にこの世とあの世が混然一体化として存在する事になる。こうして、寺山は死滅した過去の時間が先住民族の儀式や慣習の間に未だ生きているのを利用して不死の世界を映像化し舞台化した。しかも、寺山の考えでは、原始文化のほうが近代よりも優れていると考えていたようなのだ。だから、寺山は、原始文化は過去に全てが絶滅したのではなく、近代人の間で忘れ去られ、眠ったままなのだから、ちょうど、グリム童話の『眠れる森の美女』のように、何時か深い眠りから眼を覚ますと暗示しているようなのだ。だから寺山は、譬えるなら、プルーストの水中花のように、縮れた和紙が水の中で膨れ上がり開花するように、干からびたミイラも蘇り再生すると暗示している。つまり、寺山の映画やドラマのキャラクターも、あの水中花のように映画やドラマが始まれば不死の人として蘇るのである。

　天野氏はイラストレーターとして独自のアートを構築してきたのだから、軽々に寺山のアートと似ているとはいえない。しかし、『まんだら』のチサも『トワイライツ』のトウヤも、一度死んだ子供であることが似ており、また二人とも親の家に帰っていくところが似ている。違うのは、寺山の場合死んだ人間が『さらば箱舟』のラストシーンのように再生することであろう。ここが『さらば箱舟』のラストシーンとエリアーデのシャーマンの間に繋がりが見られるところである。

　また、既に指摘したように『田園に死す』でも、また『トワイライツ』でも時計が止まったままでいるところが類似している。つまり、双方の映画ともに死の世界からこの世を見ている視点に変りはない。

　吉本隆明がかつて、寺山の死生観について次のように指摘している。

　　既視感の話に引っ掛かってくるわけですけれども、一種の生まれ変わりの話っていうことになるわけですけれども。寺山さんが大変興味を抱いたっていうことが根底にあるわけです」[6]

寺山の既視感は、フレイザーの『金枝篇』を考察し、先住民の考え方を現代に復活させて自分のドラマに応用したのであろう。ちょうど、これはハロルド・ピンターがギリシャ神話の豊饒の女神デメテルを自分のドラマ『昔の日々』に応用したのと似ている。

　天野氏は「現代の劇作家は大なり小なり寺山の影響を受けている」と語ったことがある。少なくとも、意識的にせよ無意識的にせよ多くの現代の作家は寺山から影響を受けているようだ。

　このようにして見てくると、天野氏の『トワイライツ』の柱時計やトウヤ少年の再生は、寺山の『田園に死す』の柱時計や『まんだら』の一度死んだ筈のチサの再生と幾分類似点があることが明らかになってくる。もしかしたら、天野氏は寺山の既視観から意識的にも無意識的にも影響を受けているのかもしれない。

　天野氏と寺山には異なる点もある。先ず、天野氏は遅筆であるが、寺山は優れた作品を矢継ぎ早に書き続けた。けれども、一方で、天野氏のドラマそのものは台詞回しや場面展開や場面転換が目まぐるしく、しばしばその舞台転換のスピード感覚についていけなくなる。だから、天野氏の映画や芝居は繰り返し何度も何度も見直す必要がある。すると、一種の心の間欠泉のように、断片が一体に集まってそのイメージが鮮やかに脳裏に焼きつく。同じように寺山の映画や芝居の展開も、天野氏と同様にスピードが速いが、何度も繰り返し見ていると、まるで急にストンと穴に落ちたような気持ちになり、その穴の底から見上げると空に月だけが明るく輝いて見えるようなのだ。寺山は『青ひげ公の城』の中で「月よりも、もっと遠い場所…、それは劇場！」と描いているが、そのイメージは穴底から見上げた夜空に浮かぶ月のイメージのようなのである。

　寺山と天野氏の時代背景や政治状況の違いも考えておかなければならないだろう。だから、天野氏が言うように「寺山の芝居を再演するときは、一度寺山の映画やドラマをディコンストラクトして再構築してかからねばならない」のかもしれない。確かに寺山は「同じ芝居でもいつも同じように上演し

てはならない」と考えていた。いっぽう天野氏は自分の芝居を「役者が完璧に出来るまで繰り返し練習してそのときは不可能な台詞回しや場面展開も何時か可能にしていかなければならない」と述べたことがある。天野氏の話を聞いていると、ちょうど走り高跳びで新しい記録が生まれた直後に、忽ちまた新たな記録に挑戦する運動選手の戦いを思わせた。

2008年に、名古屋の千種小劇場で高田恵篤演出による『奴婢訓』の再演があった。筆者は公開ワークショップと上演を繰り返し見た。『奴婢訓』が日に日に変貌していくのを目の当たりにした。女優の後藤好子さんは、『奴婢訓』の千秋楽の後に「もっと『奴婢訓』を上演したかった」と述べた。歌舞伎でも数ヶ月に渡り繰り返し上演しているうちに次第によくなる場合がある。案外、寺山と天野氏の芝居は繰り返し見ていると芝居がよくなるばかりでなく、芝居の内容が細部にわたって分かってくることがある。その秘密は歌舞伎の台詞の難解さや場面転換の不可解さや意外性などと幾分似ているところにあるのかもしれない。

寺山の『まんだら』と天野氏の『トワイライツ』が酷似しているのは死の瞬間をドラマとして捉えようとしたことであろう。死の瞬間はこの世とあの世の狭間にあり、臨終の人が見る走馬灯のようなものかもしれない。また寺山が『誰か故郷を想はざる』で書いているように、胎児もあの世とこの世の狭間を体験するのであろうがよく分からない。

　　自分がまだ生まれる前に通った道ならば、ここをどこまでも辿ってゆけば、自分の生まれた日にゆきあたるのではないか、という恐怖と、えも言われぬ恐怖と期待が沸いてくる。それは「かつて存在していた自分」といま存在している自分とが、出会いの場をもとめて漂泊らう心に似ているのである。(13)

あの世とこの世のどちらもその狭間にある瞬間（トワイライト）を伝えることは出来ない。恐らくその瞬間は、エリアーデが言う、夢や性的オルガニ

スムや、プルーストが言うお茶に浸したマドレーヌに触れたの舌の記憶が、死と生の狭間に眠っている記憶を、間欠泉のように噴出す瞬間であろう。寺山の『まんだら』では、チサは瞬時に前世を垣間見るのであり、天野氏の『トワイライツ』では、トウヤが瞬時に前世を垣間見る。しかも生が死ぬとき、死も一緒に死んでしまう。

6　まとめ

　鹿目由紀氏が、作・演出した『だるい女』冒頭の舞台は、なんとなく、胎内のような空間である。[7)]

　女は「だるい気持ちが漂う」中で、「自分より悲惨な人の話を聞いて元気を出す会」を立ち上げ、スマホを使って、ネット漬けの生活に浸り、ビューティフルワールドのエルフや守護霊らを疑似出産し続けている。

　「カランコロンカラーン」と喫茶店に入って来る客はゲゲゲの鬼太郎の妖怪を思わせる。鹿目氏が『愛と嘘っぱち』（2010年初演）で書いた管野スガは女の性の究極の姿を八人に分身させて増殖した妖女だ。

　『愛と嘘っぱち』を英訳すると分かるが、鹿目氏の台詞は女性でなければ英訳できず、妊娠できない男には分からない未知の世界である。

　鹿目氏は同作で大逆事件を取材に来た婦人記者が「だるい」と言って苦しむ場面を冒頭から描き続け終幕で、赤子の出産シーンを現してヴォードヴィル風に管野スガの犬死を笑い飛ばした。

　『だるい女』でも出産と世界が壊れた日とがパラレルに進行する仕組みになっている。

　福島県出身の鹿目氏は上演後3.11の福島の震災や原発事故の直後でさえも女性は「普遍である生命を産む」と語った。

　松尾芭蕉が説いた不易流行のように、鹿目氏にとって普遍とは如何なる転変地異が起ころうとも、ビッグバンで宇宙が誕生したように、女が胎内に新しい命を宿すことを女にしか分からない言葉で造形することのようだ。

馬場駿吉氏は、宇宙の誕生にも、地球の誕生にも、女性が胎内に子供を宿す営みにも、「不易流行」を見ている。そして、芭蕉が読んだ俳句も後の俳人の継承者が受け継いで、俳句の「不易流行」の精髄が保たれていく。これが馬場氏の考える不死であり、「不易流行」の本髄を表しているのである。

注
1）『寺山修司の戯曲』第二巻（思潮社、1983）、201頁。以下、同書からの引用は頁数のみを記す。
2）寺山修司『誰か故郷を想はざる』（角川文庫、2005）、75頁。
3）Williams, Tennessee, *A Streetcar Named Desire* (Penguin Plays, 1986)、p.117. pp.205-6.［参考］寺山修司作『レミング』（1979）でも、葬式の花売りの場面がある。「エキストラ　花、花、お葬式の花はいかが。」（『寺山修司戯曲集3――幻想劇篇』劇書房、1995）、pp.56-7. 従って、寺山の『青ひげ公の城』と『レミング』は、テネシー・ウイリアムズの『欲望という名の電車』と関連がある作品であると考えられる。
4）『寺山修司対談集　密室から市街へ』（フィルムアート社、1967）、67頁。
5）Eliade, Mircea, *Myths, Dreams, and Mysteries* (Harper Torchbooks, 1960)、182頁。
6）吉本隆明「吉本隆明〔寺山修司〕を語る－没後十年記念講演」（『雷帝』1993）、148頁。
7）あおきりみかん「だるい女」（『名古屋演劇ジャーナル』82号（2015.9.5）

参考文献
XENAKIS, Iannis, Music and Architecture (Pendragon Press, Hillsdale, Ny 2008 First Edition. Hardback. No Dustjacket., 2008)
Wave Forms : Video From Japan (Bay Area Video Coalition, 1987)
Nam June Paik, Video Time – Video Space (Harry N. Abrams Inc., Publishers, 1993)
『YES YOKO ONO』（Press Representation : Ruth Kaplan, 2001）
高橋悠治『きっかけの音楽』（みすず書房、2009）
高橋悠治『カフカノート』（みすず書房、2011）
高橋悠治『音の静寂静寂の音』（平凡社、2008）
高橋悠治『高橋悠治コレクション1970年代』（平凡社、2004）
高橋悠治『ことばをもって音をたちきれ』（晶文社、1974）
高橋悠治『たたかう音楽』（晶文社、1986）

高橋悠治『音楽のおしえ』(晶文社、1990)
高橋悠治『コレクション1970年代』(平凡社、2004)
高橋悠治対談選　小沼純一編（ちくま学芸文庫、2010/5/10)
クセナキス、ヤニス『音楽と建築』高橋悠治訳（全音楽譜出版社、1976)
ホセ・マセダ『ドローンとメロディー』東南アジアの音楽思想　高橋悠治訳（新宿書房、1989)
高橋悠治「声・文字・音」(『声と身体の場所』21世紀文学の創造⑥、2002)
高橋悠治「後記　解説」(『吉田秀和全集』4、白水社、1975)
馬場駿吉『点』創刊号 (1965)、2号 (1966)、3号 (1967)、6号 (1976)
馬場駿吉「特集－荒川修作」（アールヴィヴァン1号、1980)
馬場駿吉「幾何学的抽象の極北から吹く風の中で－ヴァザルリ展に寄せて－」(『GALERIE VALEUR』、1976)
馬場駿吉「愛知曼荼羅から東松照明曼荼羅へ」(『愛知曼荼羅－東松照明の原風景』、2006)
馬場駿吉『時の諸相』(水声社、2004)
馬場駿吉『海馬の夢』(深夜叢書刊、1999)
馬場駿吉『液晶の虹彩』(書肆山田、1984)
馬場駿吉『耳海岸』(書肆山田、2006)
馬場駿吉『句集　夢中夢』(星雲社、1984)
馬場駿吉『星形の言葉を求めて』(風媒社、2010)
馬場駿吉『澁澤龍彦西洋芸術論集成』下、解説（河出文庫、2010)
馬場駿吉『感染症21世紀耳鼻咽喉科領域の臨床』19（中山書店、2000)
馬場駿吉『駒井哲郎展　第17回オマージュの瀧口修造』(佐谷画廊、1997)
馬場駿吉「世界をからめとるものとしての色彩－加納光於に」(『加納光於胸壁にて－1980』、アキライケダギャラリー、1980)
馬場駿吉「ブーメランの獲物たちのために」(『加納光於－油彩』アキライケダ、1982)
馬場駿吉「万物の海としての補遺－岡崎和郎の作品に触れて」(『岡崎和郎展』倉敷市立美術館、1997)
馬場駿吉『サイクロラマの木霊　名古屋発・芸術時評1994〜1998』(小沢書店、1998)
馬場駿吉「コレクターとしての二つの原則－私の蒐集40年の歩みをふり返って－」(『版画芸術』、2003)
馬場駿吉「一俳人のコレクションによる駒井哲郎銅版画展〜イメージと言葉の共振〜」(名古屋ボストン美術館、2008)
馬場駿吉「集積燦惨アルマン Accumulation 論」『Accumulation Arman』(GAL-

ERIE VALEUR, 1978)

馬場駿吉「翼あるいは熱狂の色彩－加納光於展に－」(『加納光於 GALERIE VALEUR, 1978』)

馬場駿吉「見えるものから観念への逆探知－ジャスパー・ジョーンズ・レッド・レリーフ展に－」(『Lead Reliefs Jasper Johns』GALERIE VALEUR, 1978)

馬場駿吉『薔薇色地獄』(湯川書房、1976)

馬場駿吉「方寸のポテンシャル」(『洪水』第七号、2011.1.1)

馬場駿吉瀧口修造残像「方寸のポテンシャル2」(『洪水』第八号、spiralvews 2011.7.1)

馬場駿吉瀧口修造残像2「方寸のポテンシャル3」(『洪水』第九号、2012.1.1)

馬場駿吉瀧口修造残像3拾遺「方寸のポテンシャル4」(『洪水』第十一号、2013.1.1)

馬場駿吉「ギャラリスト西岡務を追憶して」(『REAR』リア制作室、2013)、26-27頁。

馬場駿吉「慢性副鼻腔炎における嫌気性菌に関する臨床的ならびに実験的研究」(名士大医誌、20巻4号、1970)、800頁-853頁。

4 馬場駿吉の「身体論」と寺山修司のマリオネット『狂人教育』

清水　義和・赤塚　麻里

1　まえおき

　馬場駿吉氏は、『加納光於とともに』所収の「密封された詩集の命運—《アララットの船あるいは空の蜜》をめぐって」[1]の中で、加納氏のオブジェ《アララットの船あるいは空の蜜》を医者の観た芸術論として論じ、微に入り細に入り《アララットの船あるいは空の蜜》を展開している。馬場氏はこのオブジェを専門の医学的な側面から、レオナルド・ダ・ヴィンチ以来の解剖学と現代アートを解読する方法としてハイブリットな芸術論の見地から詳細に「身体論」を論じている。

　馬場氏の身体論は、殊に医学解剖の視点から荒川修作、寺山修司、四谷シモン氏のオブジェを解読することに関心があった。中でも、寺山修司のドラマに、原型としてオリジナルを求めると、そのルーツは、寺山の初期の人形劇『狂人教育』にある。マリオネットには、奇怪な森羅万象が付き纏う。寺山が設立した劇団「天井棧敷」には、奇人、怪女が集まった。実は、寺山のドラマには、マリオネットとリンクした世界がある。

　寺山のドラマは、「プレイヤーが〝汗〟をかかない劇であり、唐十郎氏のドラマはプレイヤーが〝汗〟をかくドラマである」といわれる。寺山のドラマは、プレイヤーが中心のステージではなく、プレイヤーはステージ空間の一部であるというコンセプトから構成されている。従って、プレイヤーは、ステージのデザインやライトやサウンドやドレスと同等の価値がある。これは人形劇でマリオネットが占めるロールプレイのようである。マリオネットに着想がある寺山のドラマでは、プレイヤーはマリオネットと同じように、

〝汗〟をかかない。

　カレル・チャペック（Capek, Karel）は、チェコのゴレム伝説からドラマ『ロボット』（R.U.R）を書いた。ところで、寺山が、畸形ものに対する強い関心は、人間の身体が、身体と死体の両方を表すボディ（body）にある。そして、人形が息をしない死体であるのに、ゼンマイや電池やリモコンで動き、生きた人間よりも、有能な仕事を成し遂げ、不滅の芸術作品であることに関心を懐いた。

　マリオネットとフィルムには共通点が幾つかある。フィルムは、カット、アングル、モンタージュの文法で制作され、狭いスクリーンに、無限の宇宙からミクロの世界まで自在に映し出す。しかし、リアリズム式ドラマのステージでは、等身大の人間が狭いスペースに2時間近くも拘束される。ところが、マリオネットは、伸縮自在で、フィルムのスクリーンのように、ステージを無限の空間に変えてしまう。

　寺山が、何故、人間ではなくマリオネットに関心を懐いたのか。その理由は、恐らく、寺山が不治の病ネフローゼに侵されていたことと無関係ではない。寺山は、いつ死んでもおかしくない身体を抱えて、ドラマやフィルムを観にシアターに行き、上演中に、何時、身体が死体に変わるかもしれないという不安にかられた。寺山がいう「隣の席にいるのは死体が座っている」というフレーズは、こけおどしでもなんでもなく、寺山の実感であった。そして、寺山が、マリオネットと出会ったとき、「ぼくは不完全な死体として生まれ何十年かかって、完全な死体になる」が、人形は、死体でありながら、人形遣いやリモコンの操作によって甦生する。だが、寺山は、身体は何時か死ぬが、寺山のパロールは、人形のように、他者の助けを借りて、発声され、甦生するのだ、と気付いたのである。

　寺山にとって、寺山のパロールは、マリオネットと同じ機能を有している。寺山のエピグラフに「私の墓は、私のことばであれば、充分」とあるが、マリオネットには人形遣いが必要であるように、寺山のパロールは、朗読者が必要なのである。寺山にとって、マリオネットとの出会いは、寺山自身のパ

ロールとの出会いでもあった。つまり、寺山は、パロールが彼のアイデンティティーであることに気が付いたのである。

2　寺山修司と人形劇の出会い

　寺山修司は、人形劇団「ひとみ座」（1949設立）の清水浩二氏が、演出したシュールな『マクベス』（1961年5月、渋谷の東横ホール）を観て衝撃を受けた。近年、「ひとみ座」の清水浩二氏は、ウェブサイトで後日談を披露した。

　　寺山修司氏は後日、劇団人形の家の第六回目の公演パンフレットに、この「マクベス」演出を評して「見た目はまったく等身大のように見えながら、その内部の空間がまったく等身大を倒錯しているというところが、清水浩二の人形劇をはじめて見たときからの驚きだった。」と書いている。[2]

　この人形劇の『マクベス』を観て、寺山は、自身の人形劇『狂人教育』（1962）を執筆する動機になった。しかも、寺山は、マリオネットに対する関心が続き、後年『魔術音楽劇青ひげ公の城』（1979）を書くことになる。そのステージでは、一連のマリオネットたちと共に、小山内薫が登場して人形を操る。そのドラマでは、小山内が、スタニスラフスキー（Stanislavsky, Konstantin）やゴードン・クレイグ（Craig, Gordon）に傾倒した時代を表している。つまり、寺山の脳裏には、『狂人教育』上演前後から、スタニスラフスキーとゴードン・クレイグのドラマツルギーが付き纏っていたようだ。

　　寺山　演劇の中で「世界」を設定する場合、装置としての機械、道具としての機械、登場人物としての機械と、いろんなレベルの機械が作用することになる。俳優は、感情を持つ者としてそれらの機械を支配するのではなく、作者の書いた観念の伝達媒体として機能しているだけ

です。しかしスタニスラフスキーは《俳優は人形でなくて人間である》と主張し、諸機械の上に、俳優という人格を据えようとした訳ですね。そして感情を持った悪しき機械が、演劇を内面化してしまった。それに対して例えば、ゴードン・クレイグは、俳優の一番完璧な形は人形であると主張した。彼はそれまで《人間の代用品としての人形》にすぎなかったものを、《それ自体が超俳優である人形》の演劇としてとらえ直した。つまり、「機械としての人間」を演劇のなかで、方法化したのは、ゴードン・クレイグあたりからではないか、と思うのです。[3]

清水浩二氏は、ウェブサイトに、寺山が人形劇「人魚姫」のインタビューの為に執筆した「特別寄稿」を掲載し、その中の「等身大世界の超え方」で、寺山ワールドの輪郭を表した。

ぼくらは舞台の上に、等身大の人間が現実を複製復元化するということにもうあきあきしてしまっている。人間のスケールを超えた、等身大ではない世界、それが本当の現実なんだけれども、人間はいつのまにかすべてこの世は等身大だと思いこむようになってしまってきていて、そういうものに対して一つの疑問符をさしはさむことが、最近の人形劇に顕著にあらわれてきている。【"人形の家"第一回公演『人魚姫』（寺山修司作清水浩二演出1967年）「ヤフー」2006.9.16】

寺山は、この当時、「ひとみ座」の人形劇に興味を懐き、清水浩二氏が新しい人形劇を始めるのにシナリオライターとして協力した。

1966年の初夏、高山英男氏などの提言や支援により私は再び人形劇団設立を決意した。そして私は旗揚げ公演に『人魚姫』を企画し、寺山修司に台本執筆を依頼した。（無論、この企画案には高山氏も賛成であった。）【『人魚姫』

と寺山を振り返って－劇団人形の家のこと、寺山版『人魚姫』の演出ポイント－「ヤフー」2006.9.24】

　寺山は、後年、『身毒丸』や『邪宗門』などでステージに人形や黒子を現わした。これは、寺山と清水浩二氏が人形劇をプロデュースした時のコラボレーションによる賜物であるかもしれない。当時、清水浩二氏は『説教浄瑠璃集』を寺山にプレゼントしている。恐らく、『説教浄瑠璃集』所収の「しんとく丸」は、寺山の『身毒丸』創作に繋がっていったと思われる。

　寺山への本のプレゼントと言えば、この『人魚姫』童話以前にもシュルレアリズム最大の先駆的作品のアルフレッド・ジャリの『超男性』（佐藤朔訳）をプレゼントし、『人魚姫』以後では、東洋文庫の『説教浄瑠璃集』（「さんせう太夫」「しんとく丸」など、収録されている）をプレゼントしている。【『人魚姫』と寺山を振り返って－劇団人形の家のこと、寺山版『人魚姫』の演出ポイント－「ヤフー」2006.9.24】

　後年、寺山が『中国の不思議な役人』（1977）で描いた中国の役人は、人形のように、身体がばらばらになる。そのドラマは、「新劇」のリアリズムに慣れた視点で見ると、異様に思われるが、人形劇では、ごく当たり前のムーブメントなのである。

　　麦　バラバラだ、中国の役人が、バラバラになっちまった…。[4]

　人形劇『狂人教育』は、家族ゲームのパターンで見ると、『ガリガリ博士の犯罪』や『身毒丸』と、「家族」というフレームでリンクしている。また、『狂人教育』は、『毛皮のマリー』や『レミング』と共通した密室劇として見ると、双方の演劇空間がリンクしていることに気が付く。つまり、人形劇『狂人教育』は、寺山のドラマ全体の核を成し、種子となっているのである。

寺山は、「ひとみ座」が上演した人形劇『マクベス』(1961、上演) の暗殺シーンから、ベルリオーズ (Berlioz, Hector) の『幻想交響曲』(Symphonie Fantastique) のギロチンと類似したイメージを得たようだ。このシーンは、『狂人教育』の中の第15シーンの首切りの場面で、蘭が、いわば、「交響曲」の指揮者となり、全楽団員に処刑されるイメージとダブる。

　萩原朔美氏は、「寺山さんのドラマや映画の中の《母子関係》は、結局、皆、同じパターンで出来ているのではないだろうか」と指摘する。寺山のドラマに共通したテーマ《母子関係》を描いた映画やドラマを見ていくと、観客は「確かに、寺山は、幼児の頃の〈母子〉体験を何度も語っているのだが、真実は幾つもあるはずはなく、結局、《母子関係》をパターン化して描いているのであって、ひょっとしたら、寺山の幼児体験というのは、"うそ"ではないだろうか」という不信に陥る。というのは、寺山が同じテーマを繰り返すので、否が応でも、感情移入が出来なくなり、次第に観客は冷めた眼で見る。そして、理性的に、寺山が描く《母子関係》を、ちょうど、人形浄瑠璃を見る時のように、パターン化するのである。

　寺山は、『狂人教育』の終わりで、家族の人形が、「うそつきだって！」[5]だとか、「虚妄なのは…虚妄なのは！…」(168) と言った後に、舞台をバラしてしまう。この手法は、一種の異化である。

　清水浩二氏は、寺山に影響を与えた人形劇『マクベス』に仕掛けたコンセプトを独自に示している。

　　その場合、登場人形を「モノ」として扱いながら、その人物の動きを表現する新しい演技の方向が望ましいことはいうまでもない。そしてこれは、今回の人形のマスクが古典的仮面をモチーフとしていることと同様に「嘘らしい本当」を生命とする人形劇の本来あるべき姿だと考えているのである。「思い出のキャラ図鑑「第13回『マクベス』」(「ヤフー」2006年9月24日) 参照。

寺山は、人形劇体験で俳優を完璧な芸術作品として見る事に、あまり信用を置かなくなったようだ。何故なら、俳優は、生身の人間である以上、芸術作品としての人形のように、永遠に、高水準のレヴェルを保つことは出来ない。ある意味で、俳優の対極にあるのは人形である。だが、人形は人間ではない。人形が演じている人間の世界は〝うそ〟でもあるのだ。

　人形劇『狂人教育』は、人形と人間との虚実を露にしている。人形は芸術作品である。反面、人間は常に芸術作品として、人形と同じレヴェルを保つことを要求されるのである。寺山は、このコンセプトをゴードン・クレイグが生み出した「超人形」に求めていくことになる。

3　人形劇『マクベス』

　寺山は、青森高校生のとき、中村草田男の『マクベス』論と出会った。「マクベスは眠りを殺した。もう、マクベスに眠りはない」(Sleep no more : Macbeth does murder sleep)[6]のフレーズに拘り、寺山は、草田男の『マクベス』論批評を、『生徒会誌』に書いた。以後も、寺山はマクベスに拘り続け、やがて、人形劇『マクベス』に出会ったと思われる。

　　マクベスを演じる俳優の肉声が、ほんの一瞬たりとも表出するわけではないのだ。なぜなら、従来の演劇観のなかにあっては、俳優は「台詞の奴隷」であるにすぎず呪術の蝋人形が口を利いて見せたにすぎなかったからである。[7]

　寺山は、マクベスのパロールはシェイクスピアのものであって、プレイヤーのパロールではないと断っている。ここで明らかに、寺山は人間と人形の関係を語っているのだ。

　『マクベス』の冒頭で、魔女たちは二枚舌を弄する。マクベスは、無意識ではあるが、魔女に翻弄され、次第に、魔女の二枚舌に騙されていく。

ALL Fair is foul, and foul is fair,（103）

マクベスは、魔女の〝うそ〟に惑わされ、ダンカン、バンクォーを、次々と暗殺していく。だが、やがてマクベスは魔女の〝うそ〟に気が付く。

MACBETH... I pull in resolution and begin
　　　　To doubt th'equivocation of the fiend（230）

黒澤明は、フィルム『蜘蛛の巣城』で『マクベス』を翻案している。三船敏郎が演じた鷲津武時は、マクベスに相当するが、蜘蛛の糸で絡めとられていく。宇波彰氏は、ジル・ドゥルーズ（Deleuze, Gilles）の『カフカ』所収の「付録・カフカの表現機械」の中で、フランツ・カフカをクモと捉えて、蜘蛛と人間の関係を論じる。

　カフカの手紙も表現機械の一部であるが、それをクモの巣として把握するということは、敷衍すればカフカがクモであり、手紙がクモの巣であって、このクモの巣にかかるものをシーニュとして感知し、そこへカフカ＝クモが走っていくように考えるということである。[8]

また、訳者の宇波彰氏は、ジル・ドゥルーズの『プルーストとシーニュ』〔増補版〕の中で、カフカとプルーストの類似性を「クモ」というキーワードを使って指摘する。

　クモはただその巣のはしのところにいて、強度を持った波動のかたちで彼の身体に伝わって来る最も小さな振動をも受けとめ、その振動を感じて必要な場所へと飛ぶように急ぐ。[9]

寺山は、1962年、清水浩二氏が演出した人形劇『マクベス』に感激したと

き、マクベスがドゥルーズが考案した「クモ」の糸によって操られ、殺害されるに至るコンセプトを既に見てとっていたかもしれない。というのは、寺山の場合、人形は、クモの〝糸〟によって操られるからである。例えば、寺山は『邪宗門』の終幕で、山太郎を〝糸〟によって操られる人形に作ったが、『邪宗門』と『狂人教育』の人形遣いが使う〝糸〟に、ドゥルーズが考案した〝クモの巣〟を想起すべきである。

　従来の代用品としての人形を超える－ぼくが最初に「マクベス」（演出・清水浩二、人形、片岡昌）をみてびっくりしたそんな印象は、形を変えてずっと引き続いて生きている。【清水浩二の「思い出のキャラ図鑑」ヤフー2006.9.12】

　寺山の人形劇『狂人教育』は、清水浩二氏の人形劇とのコラボレーションを通じて創作された。先ず、寺山は1962年２月に青山の草月ホールで『俊英三詩人の書下しによる人形劇』の６ステージ公演にシナリオライターとして参加した。三詩人のうち、岩田宏氏が『脳味噌』、谷川俊太郎氏が『モマン・グランギニョレスク』、そして、寺山は『狂人教育』を執筆した。清水氏は回顧して、寺山に会ったのは渋谷の「さくら」という喫茶店で、1961年の秋で、当時、寺山が二五才であったという。

　私はその時、寺山さんから歌集「血と麦」をプレゼントされると共に私も彼に、山村祐著「ヨーロッパの人形劇」という本をプレゼントした。そして「寺山さん、人形劇の台本書いて頂けませんか？どんな物でもいいですから…」と依頼した。そして、出来たのが『狂人教育』である。彼の説では、「現代ではフィクションはもう限界。事実は小説より奇なり」です。演劇だって、いくら役者が頑張っても、実生活のニセもの以上を出られない。だから、いっそもうひとつ抽象化してしまって人間を語った方がいいわけです。」と言う。【清水浩二「思い出のキャラ図鑑　第十五回『俊英三

詩人の書下ろしによる人形劇』に関った人たち「ヤフー」2006年9月12日】

　寺山のドラマにある呪術的要素は、土方巽の暗黒舞踏に負っている。殊に、寺山は人形固有に備わる呪術的要素から影響を受けた。人形劇は、ヨーロッパの中世演劇で盛んに上演されたが、寺山のドラマにもしばしば垣間見られる、寺山の中世劇的なドラマコンセプトには、古い伝統を持つ人形劇からの影響があったかもしれない。

4　ゴードン・クレイグの「超人形」

　寺山修司は、ゴードン・クレイグのように、人形と人間との関係を考え続けた。寺山は、『演劇論集』の中で俳優と人形の関係を、クレイグの解釈を通して論じている。

　　ゴードン・クレイグは「俳優が人形を追放し、それに代わったときから、
　　演劇の衰退がはじまったのだ」と書いている。(236)

　寺山がゴードン・クレイグに関心を懐いたのは、人形劇『狂人教育』の上演を通してであったと思われる。寺山のドラマツルギーは、ゴードン・クレイグが考案した「超人形」とリンクしている。クレイグが主張する「ムーブメント」は、人形とライトとサウンドと舞台装置が一体化している。寺山のドラマコンセプトは、俳優中心ではなく、「ムーブメント」に近い。

　　The actor must go, and in his place comes the inanimate figure – the
　　über-marionette we may call him, until he has won for himself a better
　　name.[10]

　また、岸田真氏は「ゴードン・クレイグ Gordon Craig」(「ヤフー」2006

年9月24日）の中で、クレイグの「超人形」をディコードして、俳優たちは人真似してはいけないと言う。

『俳優と超人形』の中でクレイグは、「今日、俳優たちは人真似をしたり解釈をしている。明日には表現して解釈すべきである。明後日には創造しなければならない」のであり、「本当らしく話すことをやめよ、身振りの自然さも捨てよ」と記し、与えられた役柄を表面的に模倣することで満足している俳優たちを批判している。そして「演劇芸術を回復させるためには、演劇から役になりきるとか自然を再現するという考えを消し去るところから始めるべきなのである」と主張するに至るのである。

或いは、ウェブサイトの「演劇ラボ－ASAHIネット」所収の「舞台創造の構造」では、ゴードン・クレイグの演劇について、俳優の対極にあるのは超人形だという。

　築地小劇場の小山内薫が学んだゴードン・クレイグという演出家は、演劇には劇作家も俳優も必要ないと宣言しました。クレイグが劇作家を必要ないといった背景には、演劇を文学化する傾向にある劇作家達への反動があるのですが、俳優を必要ないといった真意は完璧に演出の指示通り繰り返し上演できる能力…まるでアンドロイドやロボットのように、人間を越えたスーパーマリオネット（超人形）が舞台で演じるべきだという主張のものでした。【演劇ラボ－ASAHIネット、ヤフー2015年12月30日】

寺山の『狂人教育』の人形たちには、カレル・チャペックの『ロボット』との類似性が見られる。チャペックはドラマ『ロボット』の中の「ロボットという言葉の起源3」でロボットとゴーレムの関係を示している。

「R・U・R」（ロボット）は、実はゴレムに現代の衣を着せたものなの

です。私がこのことに気付いたのは、勿論この戯曲を書きあげてからです「何だ、これはゴレムではないか」私はひとりごとを言いました。[11]

チャペックの考案したロボットは、ゴーレム（ゴレム）のコンセプトに見る事が出来る。ゴーレムは、元々、土塊であった。

　土塊（粘土）から人造人間ゴーレムを造った高徳のラビ、レウでした。彼は、紙の切れ端に書いた秘密の言葉〝シェーム〟を、自分の造ったゴーレムの舌下に置き、命を吹き込んだのでした。[12]

詩人の中井英夫は、寺山修司が亡くなったとき、寺山の肉体と死体の関係を、ゴーレムに比して述べている。

　これまで寺山修司の短歌はあまり正面から論じられていない。…土に帰ったゴーレムがまだ息づかいを収めていないいまこそ、もっともその機運が熟したといえるであろう。[13]

　寺山は、『不思議図書館』の中で、チャペックのロボットについて興味深いコンセプトを示している。[14]
　寺山が、死者を生者と同等に考えたのは、ボルヘスの「不死の人」やゴレムやゾンビとリンクしているからである。つまり、寺山のコンセプトの根っこにあるのは、生命がない人形が動いて、呪術的な力を発揮する不可思議なところにある。殊に、『狂人教育』では、結末で死んだ筈の蘭が、録音音声によって再生される。その録音音声は生から死への連続性を否定するが、反対に、生の音声は、発話を持続する事によって、言葉を活性化させ、人形は死から蘇って再生する。だが、元々死んでいる人形は、再び、死ぬはずもなく、また、生から死への連続性もないわけである。しかしながら、生者の側から見ると、〝死んだ筈の人形〟が呪術を弄して蘇ったように見えるのである。

5　ベルリオーズの『幻想交響曲』

　寺山が、『狂人教育』のサウンド・エフェクトを考えた際に、ベルリオーズの『幻想交響曲』が脳裏に浮かんだのは、音楽を担当した山本直純のサジェッションがあったものと考えられる。

　　第四楽章：断頭台への行進「若い芸術家は夢の中で恋人を殺して死刑を宣告され、断頭台へ引かれていく。その行列に伴う行進曲は、ときに暗くて荒々しいかと思うと、今度は明るく陽気になったりする。激しい発作の後で、行進曲の歩みは陰気さを加え規則的になる。死の恐怖を打ち破る愛の回想ともいうべき〝固定観念〟が一瞬現れる。」しかし、ギロチンの刃は無情にも落とされます。首が落ち、血が飛び散ります。【ベルリオーズの『幻想交響曲』「ヤフー」2006年9月24日】

　ベルリオーズが作曲した『幻想交響曲』の中の固有のデモーニッシュな音楽は、人形劇のような、ある種硬質なオブジェに対して、イマジネーションを喚起するのに役立っている。ベルリオーズの『幻想交響曲』の中でもイメージを想起するのは、家族の中の父親である。しかし、ベルリオーズの『幻想交響曲』第4楽章：断頭台への行進の結末で提示される曖昧なテーマは、『狂人教育』に登場する家族が、終幕で一つの醜悪な怪物に変身する場面とリンクしている。

6　小山内薫とゴードン・クレイグ

　寺山修司は『魔術音楽青ひげ公の城』の中で、ステージに小山内薫を登場させ、批判している。

悪徳の演出家小山内薫、またの名を人形作りの親方コッペリウスの、もっとも得意とするところだが、人体模型のノラじゃ、ものも言わなきゃ、踊れもすまい。[15]

　寺山は、同ドラマで、小山内とスタニスラフスキーを同一視している。小山内やスタニスラフスキーも、俳優を人形と見なさず、俳優術を指導した。そこで、寺山は、小山内が人形に俳優術を教えるシーンを作り、人形に何も演出できないでいるシーンを作った。寺山が作った人形は、ゴードン・クレイグの「超人形」を想わせる。

　寺山は、『寺山修司の戯曲』（思潮社、1979年）「解題」の中で、「ゴードン・クレイグ」に触れなかった。だが、三年後に出版した『寺山修司戯曲集』第1巻、初期一幕物篇、劇書房、1982年）の「解題」で、「ゴードン・クレイグ」に関する一文を付け加えた。

　俳優と人形とは、形をべつとすればその機能がよく似ている－とゴードン・クレイグも言っている[16]

　寺山は、小山内がスタニスラフスキーとゴードン・クレイグに知悉していたことを、当時（1979－1982年）知っていたと思われる。しかし、寺山は、小山内がゴードン・クレイグよりもスタニスラフスキーに心酔していたと判断したようだ。岸田國士がリアリズム演劇と一線を画したのと違い、小山内は、スタニスラフスキーとゴードン・クレイグに心酔した。だが、結局、小山内はリアリズム演劇に加担していったと寺山は判断したのかも知れない。

7　ガルシーア・ロルカの『血の婚礼』

　寺山修司は、人形劇『狂人教育』の冒頭に、何か特別な意味を込めてロルカの詩を引用している。

And watch over your dreams.[17]

寺山は、ロルカのポエティック・ドラマ『血の婚礼』と同じように、ポエトリーとプローズのスタイルで多くのドラマを執筆した。

> **マユ**　お兄さん　なんか勘ちがいしてるんじゃあないのかしら
> 　　あたしたち　人形なのに
> 　　そして人間があたしたちの下にいて
> 　　あたしたちを操っていて
> 　　そう　ゆめのなかでゆめの番しているときみたい（147）

仮に我々が夢の出来事を現実の出来事と同じように考えると、次第に夢のように漠然とした死と現実の生との境目も曖昧になってくる。また他のところで、寺山はロルカが詩の中で歌う死について、独特の解釈をしている。

> ガルシア・ロルカは二度死んだ詩人であった。
> 　一度目は、彼自身の詩の中で死に、二度目は、スペインの内乱で、フランコ軍に処刑されて死んだ。[18]

寺山は、ロルカの詩に歌われた死を通して、生理的な死と言葉の死とを別けていった。

> 死は、もしかしたら、一切の言語化に中にひそんでいるのかも知れないのだと私は思った。なぜなら、口に出して語られない限り、「そのものは、死んでいない」（17）ことになるのだからである。

寺山が考える死のテーマも、幾分か、ロルカに負っているようだ。ロルカの言葉は、寺山のエピグラムを解く鍵にもなっているからだ。

私は肝硬変で死ぬだろう。そのことだけは、はっきりしている。だが、
　　　だからと言って、墓は建てて欲しくない。私の墓は、私のことばであれば、
　　　充分。[19]

　寺山は、しばしば、デュシャン（Duchamp, Marcel）の墓碑銘「死ぬのは
いつも他人ばかり」を引用した。というのは、寺山自身は、生身で自分の死
を確認する事が出来ないと考えたからだ。寺山は、絶えず、死を意識し、時
間の流れの中で、死を境目にした二つの世界、つまり、この世とあの世とを
書き続けた。或いは、見る者にとって死体と同じように、自らは動かない人
形が、何かを訴えているように見える。それは寺山にとって、逆説的に、人
形が、生と死の時間軸を超えた不死という存在であるからだと考えたからか
もしれない。従って、書かれた文字も発声すれば、死んだ文字が息を吹き返
すのと同じように、人形を"もの"と考えた場合、人形は、人形師が操れば、
生理的な生と死を超越した"生と死"を表現することが出来る。つまり、寺
山は、ロルカの言葉の中に人形劇と似た"生と死"の関係を見出し、自分の
人形劇に使ったのだ。

8　寺山修司の人形劇『狂人教育』

　寺山修司は、『狂人教育』は、ファンタジーであって、リアリズム演劇で
はないと、制作上のメモで述べている。

　　　「子供たちが昆虫採集でカラスアゲハを針で留めるように、大人の道徳
　　　律を針で留めてしまうような」ファンタジーを失ってはならない。（141）

　人形劇『狂人教育』の舞台裏で、コーラスは、冒頭から、「うそつき」を
連呼してファンタジーの世界を構築する。

うそつきうそつきみんなうそつき　（141）

　寺山は、「制作上のメモ」で、「みんなうそつき」と書いているのは、大人の道徳律に縛られている人が、「みなうそつき」であると記しているからである。
　人形劇『狂人教育』の結末近くで、小児麻痺の女の子の蘭は、警告を発して、集団が、個人を圧殺すると警告する。

　　蘭　みんなのうそつき（と、叫ぶ）
　　うそつき！（とうたうように）うそつき！みんなのうそつき！　（167）

　寺山は、「うそとは何か」について、ドラマを通して観客に考えさせる。そして、うその背後に隠れている迷宮の世界に誘い込む。
　劇の冒頭で、「マッチ」（141）が灯される。すると、暗闇のステージにこの世が現われる。つまり、この劇場の闇は死の世界を表している。ライトが照らし出す微かな明かりは、この世を照らし、生の誕生を表している。また、マッチで灯され点滅するステージは、蝶々がひらひらと舞う姿を象徴している。或いは、パラドキシカルに、実験映画『蝶複記』の中で蝶が舞うように、蝶が、画面を黒く遮るのは、明らかに、蝶の影が不吉な死の世界を暗示しているからである。
　ついで第二シーンでは、蘭の兄で虚無的な詩人の鷹司が、カラスアゲハを部屋に閉じ込めたといっている。

　　鷹司　蝶々を閉じ込めたんだ　（142）

　人形劇『狂人教育』では、先ず、悪い噂は、ドアのなかに監禁し、この世から葬り去らねばならないという約束事があるようだ。これは、「蝶々」は「気違い」をシンボライズしているからである。「蝶々」が、部屋に閉じ込め

られたように、やがて、「気違い」という「噂」が、閉ざされた室内に家族たちを金縛りにする。
　続いて、第九シーンで、鷹司が、聞こえるはずのないカラスアゲハの羽音を「聞こえる」という。

　　鷹司　きこえるぞ！
　　　　　カラスアゲハの羽音だ　（155）

　カラスアゲハは、サウンドの「羽音」として、イマジネーションの世界に存在する。そして、サウンドは、生をシンボライズしている。
　第十五シーンで、蘭が部屋の扉を開けると、カラスアゲハが室内に入ってきて、一瞬、暗くなる。

　　蘭　（ドアをパッとあけて）
　　　　　出ておいで蝶々！
　　　　　カラスアゲハ…あたしは王様よ！
　　　　　大きな黒い紙のカラスアゲハ、ゆっくりと部屋のなかへとびだしてゆく。
　　　　　その影で「人形館」が暗くなる。
　　蘭　さあ　これでも見えないの？　この蝶々がみえないの？　（166）

　カラスアゲハの「羽音」は、パロールの代わりにサウンドで表している。「その影で「人形館」が暗くなる」場面は、パロールの代わりにライトで表している。また、黒い紙のカラスアゲハというト書は、パロールの代わりに、メタファーで表すことによって、リアルに表さず、シンボライズしている。
　更に、「カラスアゲハ」を二階の部屋に監禁する場面は、蝶々を「気違い」としてシンボライズしている。蘭は、カラスアゲハを解き放ったのだから、あたかも囚人を監獄から解放するかのように、狂人を解放したことになる。

4 馬場駿吉の「身体論」と寺山修司のマリオネット『狂人教育』

つまりそれは、フーコー（Foucault, Michel）が『狂気の歴史』（*Histoire de la Folie à l'âge classique*）で論じている「阿呆舟」の住民たちを、この世に解放するようなものである。そこで、蘭の「特異な」行動は、家族にとって、気違いのシーニュとなる。気違いは、「阿呆舟」の住民のように、海の沖合いで溺死させ、殺して、葬ってしまうに限る。しかし、ドラマの中でもっとも恐ろしい出来事は、家族が、蘭を、家族の一員である事も忘れ、殺害してしまうことだ。

　家族が、投票用紙に、蘭を密告者として記名する。だが、古来、密告者は、最も信頼する人間である場合があった。現に、イエスを裏切ったユダの譬えがある。第三シーンで、蘭は、祖父の船の設計士が「うそ」をつく人だという。

　　蘭　でもそれはうそなんです　お祖父さんは何でもすぐうそにしてしまうんです（143）

「うそ」は、現実の事実に反することである。だが、祖父の場合の「うそ」は、詩形式のパリノードに近い。しかし、祖父自身が、自ら「うそ」だとはいっていない。

　　蘭　あたし　気違いなんかじゃありません　（144）

蘭は、現実世界の価値観で見ると「うそつき」でも「気違い」でもないが、夢やファンタジーの世界では、蘭の話は、相対的になってしまうのだ。

　人形劇『狂人教育』のステージは、ファンタジーである。従って、当然、ステージは、作り物の世界である。

　　祖母が紙の猫にミルクをやっている。（144）

当然、現実の世界では、祖母が紙でできた猫にミルクを飲ませることは出来ないのだが、一般的に人形劇では、ファンタジーだからといって、「飲ませる」行為を仕種で済ます約束事にしている。ところが、寺山の人形劇では、紙製の猫が、当然、ミルクを飲む事が出来ないので、祖母が猫を切り刻んでしまうのだ。

　　ハサミで一匹の猫を剪る。
　　紙片になって捨てられた猫は風で吹きとんでしまう。(145)

　紙で出来た猫は鋏で切り刻めば小さな紙片になり、リアリズムでは、紙は切り刻めば小さな紙片になってしまう。だが、一般に、人形劇に限らず、ドラマは、サウンドやライトやミュージックが、言葉の代わりに、ファンタジーの世界を作り出す。そのため、言葉でリアルにト書が書いてあっても、人形劇の文法によって、ファンタジーの世界が現出する。しかし、寺山は、ファンタジーの世界に真実の世界を持ち込んで、観客の幻想を打ち砕き、新しいイマジネーションの世界を見せるのである。こうして、切り刻まれた猫は、幻想の世界で、痛みを喚起する。夢の中の恐怖のようにである。

　　祖父　…場合によったら家名と名誉のために密殺し
　　　　　　ダリア畑に埋めてしまうことだ（145）

　家族の一員を殺める事は、不条理な夢の中の出来事のように、他の家族全員を救うためであるという。蘭が家族の意見に反対する主張は正しいのであるが、身体障害者なので、他の人と異なる。蘭が処罰される場面は、カフカの『変身』で虫になったラムザの場面と似ているである。ラムザの言っていることは、正常なのに、身体が醜悪な虫であるために、闇に葬られる。

　ところで、第四シーンの結末では、祖母と祖父が「気違い」を探しだし、

処罰する話をしている。

> だれだかわかったら殺すの？
> やむを得んさ！（145）

ついで、第五シーンの冒頭では、マユと鷹司が、蝶々の話をする。

> 殺すの
> やむを得んさ（146）

　第四シーンと第五シーンの二つのフレーズ「やむを得んさ」は、韻を踏んでいる。しかも、同じフレーズが、第四シーンと第五シーンに跨っている。第四シーンは、狂人を殺す話題であるが、第五シーンは、蝶々を殺害する話題である。この場合、人間と蝶々を交互に殺害する話をしている。やがて、寺山は『毛皮のマリー』（1967年）で、人間と蝶々のイメージとをダブらせて殺害するシーンを再現することになる。
　こうして、夢の連鎖が、ステージを構成していく。つまり、「ゆめ」という蝶々を「ゆめ」という網で捉えようと何者かが見張っているファンタジーの装置として仕掛けられていく。

> **マユ**　ゆめのなかでゆめの番しているときみたい　（147）

とうとう、第八シーンでは、幽霊が登場する。吃りで、ベルリオーズの熱狂的ファンであるパパが、幽霊と会い話をする。

> **パパ**　あ
> 　　　　兄さん！
> **影**　呼んでいたね

> パパ　よ、よ、よびやしません
> 影　　ただ思い出していただけるかね
> 　　　…
> 　　　私は幽霊だ（152）

　このシーンは、明らかに、『幻想交響曲』のイリュージョンをモチーフにした場面設定である。ミュージックとライトの織り成す文法によって、ファントム（幽霊）が現われる。背広を着た紳士のシルエットは、壁に映っているに過ぎないが、ミュージックとシャドーによって、シルエットが、ファントムに変貌するのである。そのとき、蘭は、ちょうど『レミング』の中で、他人の夢の中に入っていくように、パパの声に反応して、パパの夢の中に入る。

> 蘭　ふいに目をさまし、壁に向かって雄弁をふるっているパパに話しか
> 　　けようとする（153）

　こうして、夢の中で夢を見るように、蘭は、パパの夢の中に入る。

> 蘭　（あくびをして）パパは　ゆめのなかにいるのね
> 　　　そっとちかよってそっとパパにさわってみる。
> 蘭　パパの夢って
> 　　　まるで現実そっくり（153）

　夢の連鎖は、蘭の現実が夢と相対化する場面である。ところが、蘭ばかりでなく、鷹司も夢を見ている。

> 鷹司　おれが番していることの意味があるってことに
> 　　　なるわけだな（155）

鷹司は、カラスアゲハの番をしているが、言い換えれば、鷹司は、カラスアゲハという夢の番をしているのである。

　鷹志　いまひと眠りから醒めたところなんですよ（155）

鷹司は、扉のそばで、寝ずの番をしているのだが、居眠りをする。だが、鷹司は、夢の中で目覚めるのかどうか判断基準がない。

　蘭、また目をさまして
　二人の話をきいている（155）

鷹司は、カラスアゲハの寝ずの番をしているが、どうやら、蘭は、家族全員の寝ずの番をしているようだ。

　祖父　（声を一段とおとして）でたらめだっていいのだよ
　　　　だれかひとりを気違いだとして
　　　　殺して埋めてしまえば（156）

蘭がいったように、恐らく、祖父は正真正銘の「うそ」をつく人のようである。ところが、それだけに止まらない。「うそ」が増殖して、ドラマに亀裂が入り、ステージが剥き出しになり解体を始める。先ず、人形劇に人形使いが登場し、人形のマユと人形遣いとの会話を紡ぎだしていく。

　どんどん本を作りかえてゆくんだ（159）

寺山が、ドラマを解体していく傾向は、最初からあったようだが、それは、『狂人教育』の構成からも見て取る事が出来る。後に、『邪宗門』の結末でも繰り返し用いているシチュエーションがある。

第十二シーンからは、いささか、単純に見えるが、ここで蘭を除いて家族全員が同じ行動をとり始め、まるでマッカシー旋風のレッドパージのように、「気違い」探しが始まる。

　　祖父　死体はこれにいれていも畑に埋めてしまうことにした　（163）

　夢の覚醒時のように、ドラマの急展開は、「死」への恐怖によって、家族一同が同じ方向に回転し始めるモメントである。

　　祖父、眼鏡を出してかける。
　　一同あわてたように眼鏡を出してかける。(164)

　恐怖によって皆が一様に同じ行動をとるが、実は、同じ行動を取る事が恐怖であり滑稽である。また、一種のゲームのようにも見える。或いは、人形たちが家族の枠を超えて、ゾンビーやロボットに変身したかのようでもある。チャペックのロボットのように、家族達は一様に同じ行動を取る。それは資本主義や社会主義社会のように大量生産を能率よく処理していく兆しが透けて見える。言い換えれば人形がロボット化して機械化するプロセスを表している。ジル・ドゥルーズが指摘する蜘蛛の糸によって、神経が麻痺していくかのようだ。

　　一同まったく同じように歩いてきて立止まりすわる。　（166）

　同じト書き「一同首ふる」が四回繰り返される。このような家族の豹変を見て、蘭は絶叫する。

　　蘭　みんなのうそつき！　（166）

4　馬場駿吉の「身体論」と寺山修司のマリオネット『狂人教育』

　蘭は、鷹司の大切なカラスアゲハを逃がしてしまうが、蘭の行為に鷹司も他の誰もが、微塵にさえも動じない。皆、同じ動きに囚われてしまったかのようである。

　と、突然その名を書きながら、同じ手つき、同じ表情の人形たち、しだいにくっつき、ねじれあって同化して、一つの人形になりはじめる。(167)

　ホッブス（Hobbes, Thomas）が『リヴァイアサン』（*Leviathan*）に描いた怪物のように、家族のメンバーたちは、蘭を追い詰め、スケープゴートに仕立てていく。ちょうど、カラスアゲハを捕らえようと血眼になったハンターのように。この瞬間、蘭はカラスアゲハと一体化する。

　やがて、全員の顔と手をそなえた「家族の」人形が出来上るやさっきの巨大な斧を手にして舞台一杯に一振りする！
　ちぎれて飛ぶ蘭の首！
　壁に象徴のようにくっつくその首。(167-168)

　蘭の首は、まるでカラスアゲハが壁にピンで留められるように、壁にくっつく。そして、蝶々となった蘭の首は、「人間の首」や旅する「豪華船の内部」を現わした舞台装置を表わし、壁に留まった蘭の首とパラレルになる。

　テープレコーダーから、しずかにＭだけが勢いよく唄われる。（蘭の声で）
　あたしは　あたしの　うたうたう
　あたしは王様
　ゴーイング　マイウエイ
　ひとりぼっち　マイウエイ　(168)

蘭の台詞のうち、最後の二行の「マイウエイ」は、カプレット（対句）になっている。ところで、法医学者ドクは登場しないが、同じサウンドである「ドク」を「毒」と象徴している。またこの毒は、蜘蛛の毒を表している。ドクのくだした診断「狂人」に人間は怯える。ドクのいう事を人は皆単純に信じる。ちょうど、アントナン・アルトー（Artaud, Antonin）の『演劇とその分身』所収「残酷演劇」のように、人はこの毒に感染する。

更に、もっと滑稽なのは、ドクが、誰かを特定して言ったのではないのに、誰もが、その言動を、信じてしまうことだ。スケープゴートを必要とする家族が悪いのか。この意味では、『狂人教育』のコンセプトは、明らかに、ブレヒト（Brecht, Bertolt）の悲劇『ガリレオ・ガリレイの生涯』（*Life of Galileo*）でガリレイが口にするフレーズのパラドックスになっている。

GALILEO : No. Unhappy the land where heroes are needed.[20]

しかも、もっと恐ろしいのは、狂人を作り出し、集団妄想を作り出す家族の集団心理である。また、おまけに、始末が悪いのは、『狂人教育』の集団妄想を観劇しながら、観客は、皆、「自分だけは毒（ドクの診断）に感染せず、客観視できる」と思っていることだ。

寺山は、家族を密室に閉じ込め、社会の窓を閉ざしてしまう。どうやら、寺山は、家族を社会の最小単位（モナド）とみなしているようだ。『狂人教育』と同じテーマを持つ『身毒丸』の家族は、母親不在のために家族の崩壊が起こる。けれども、『レミング』と同じ系列に入る『無頼漢』の母子のように、都市の崩壊以後も母子の絆は残る。何れのドラマも、母子の絆は、家族や都市よりも強い。

萩原朔美氏は、「不思議なことに、寺山さんの描く女性は男性を襲い、男性は、女性の言いなりになる」と指摘する。また、野島直子氏は「寺山修司とマゾヒズム」論の中で、「怒れる専制君主的女性とそれに従う男というマゾヒスティックな形象を核にしたものが頻繁に見られる」[21]と論じている。

4 馬場駿吉の「身体論」と寺山修司のマリオネット『狂人教育』 93

　寺山は、メタファーで、蝶々と人間を同一視したり、或いは、女性と男性を昆虫の雌や雄と同一視したりしたのではないだろうか。寺山が父を亡くし母親の手で育てられたとき、この世界は、農耕社会の枠組みで成り立っていた。だが、幼い寺山は、一家の働き手を失うと、農耕社会の恩恵に浴せない悲哀をまざまざと見た。殊に、寺山が、父親の庇護を失ったとき、農耕社会の豊穣のシンボルとしての母親像ではなく、狩猟時代のシンボルとしての雌の生命力を見たのではなかったのだろうか。

　一方で蘭が殺されたのは、子供を守る母親の不在のせいだといえるのではないか。だから、寺山が、『狂人教育』の中に、蘭の母親を描いたのなら、全く違ったドラマ展開になったに違いない。ちょうど、『無頼漢』では、原作『天衣紛上野初花』には登場しない直次郎の母親が出てきて、露骨に、息子の直次郎を庇護する。そこで、寺山にとって、母親は、昆虫の交配のように、雌が雄を餌食とし、しかも、雄は雌に食べられて気持ちがいいとマゾ的な表情をする。確かに、子孫繁栄の構図としてみると微笑ましいが、『草迷宮』のように、吸血鬼が人間の生き血を吸って殺害する光景を思い浮かべるならば、戦慄が走る。ところで、『狂人教育』では、家族全員が、一体化して巨人になり、一種の吸血鬼的な怪物となって、蘭に襲い掛かる。

　　この作品でぼくは「人形は人間の代用品かどうか？」という素朴な疑問にぶつかった。もし、人形が「もの」としてのドラマを演じるならば、人間によく似ている必要などはなく、紙と木が対話したっていい筈だからである。しかし、俳優と人形とは、形をべつとすればその機能がよく似ている―とゴードン・クレイグも言っている。[22]

　『狂人教育』のステージでは、人形が集まって、巨大な塊となり、人間の身体をした怪物に変形する。『マクベス』では、物の怪の魔女たちが、マクベスを襲い、マクベスの神経を麻痺してしまう。

ひとみ座は、この公演の前にシェークスピアの「マクベス」をとりあげ
　　たりして意欲を示していたが、…[23]

　『マクベス』に登場する魔女の二枚舌は、実は、「うそ」であったが、『狂
人教育』では、「うそ」が重要なキーワードになっている。元来、詩で歌っ
た前言を否定する詩の形式である「パリノード」と寺山の「うそ」との関係
が、端的に見られるが、複雑に絡まっている。ところが、『狂人教育』では、
最初から最後まで「うそ」が連発されファンタジーを象っている。
　寺山の「うそ」の定義は徹底したもので、もとより、リアリズム演劇のス
テージは、「うそ」であるという観方が濃厚である。しかも、寺山は、自作
の人形劇『狂人教育』のステージさえも、「うそ」として、最後に破壊して
しまう。だが、寺山のステージは、脳裏に残ったイマジネーションである。
この目に見えないステージを象るのは、デモーニッシュな「狂人」が推進力
となり、「うそ」が異化として、ドラマの中で強烈に機能している。
　蘭は、「うそつき」として処刑されるが、実際には、「うそつき」は、同一
の行動をとる家族である。従って、殺されるのは、蘭であるが、同時に、蘭
を殺す家族は、蘭の心を殺し、同時に、自らの心も殺してしまったのである。
このパラドックスは、ワイルド (Wilde, Oscar) の『ドリアン・グレイの肖像』
(*The Picture of Dorian Gray*) のパラドックスでもある。また、ワイルド
の『サロメ』(*Salomé*) では、猛毒の持ち主であるサロメは、預言者ヨカナ
ンを殺害する。『狂人教育』では、妄想によって、人間の内なる世界にしか
棲息しない病原菌が蔓延して、観念によって、蘭を、殺害する。ちょうど、
カラスアゲハが美しいという理由で、ピンで留めて標本にするようである。
しかし、美しい残像はハンターの脳裏に焼き付けられ、目の前には、無残な
形骸しか残らない。ファンタジーは生死を越えており、脳裏に残るのである。
　『狂人教育』の舞台装置が人間の頭を模しているのは、観念の世界を表し
ている。それは、カラスアゲハが美しいという観念である。しかも、カラス
アゲハは首を象徴しており、この舞台装置とパラレルになっている。

9　流山児祥演出『狂人教育』

　近年、『狂人教育』は、森英樹演出により、CITY演劇フェスティバル徳島で、1991年9月に上演があった。そして、高野美由紀演出により、A.P.B-Tokyoで、2004年6月と2006年6月に公演があった。また、佐々木銀次演出により香川県高松DIMEで2005年6月に上演があった。他にも、池の下の第十六回公演がタイニイ・アリスで2006年3月に公演があった。中でも、流山児祥氏は、『狂人教育』を永年上演してきたが、その上演パンフで「1999年韓国ソウルで世界初演して以来8年間世界30余都市で上演してきた」と解説している。

　先ず、流山児祥氏は、『狂人教育』を、三つのヴァージョンに仕立て、東京森下ベニサンピットで、2006年10月7日から15日まで上演した。ついで、流山児氏は、『狂人教育』の演出で、俳優を、文楽でもなく、歌舞伎でもなく、西洋のマリオネット式に操った。西洋の〝人形〟といえば『コッペリア』や『マイ・フェア・レデイ』がある。寺山の人形劇は、ジャリ仕立てのシュールなドラマである。流山児氏による『狂人教育』の公演で、シュールなシーンを思い起こしたのは、ステージに張り巡らされた紐であった。しかし、「紐は、蝶々の輪郭を模ったもの」という説明を聞き、散文的な飾付に思えた。

　人形が一体になるシーンをどのように構成するのか見物であった。というのは、愛知万博では中国のダンサーたちが、千手観音を演じた先例があったからだ。しかし、〝全員の顔と手をそなえた「家族の」人形〟のイメージは全く無く、バラバラのままで一体感はなかった。また、人形は〝汗〟をかかないが、俳優たちは、唐十郎氏の芝居のように〝汗〟びっしょりであった。

　また、蘭の首は飛ばないで、俳優の胴体に繋がったままであった。改めて、寺山の『狂人教育』は人形劇だが、『身毒丸』や『邪宗門』のように、人間が人形を模倣する芝居とは違うと感じた。

　先にも触れたように、劇中、裸の舞台を紐で仕切る。筆者は、流山児氏に

「あの紐は、蜘蛛の巣ですか」と尋ねた。流山児氏はだが、「蝶々の輪郭です」と答え、更に、「鈴の付いた紐が、震えるのは、蝶々の羽ばたきを表している」との説明があった。結局、紐はジル・ドゥルーズの蜘蛛の巣とは全く関係がなかったのである。そのため、蜘蛛の巣に蝶々が囚われ、蘭の首が飛ぶイメージに結び付かなかったのである。少なくとも、寺山のドラマを改作するときは、皮相な説明ではなく、寺山の創作意図を詳細に解読して、脚色しなければならないと思った。

　萩原朔美氏が指摘しているが、寺山は、ドキュメンタリーとドラマの中間として、〝ドキュラマ〟を考えた。つまり、寺山は、プレイヤーたちの身振りは、コピーであって、リアリズムではないと論じた。本当のリアリズムはドキュメンタリーにあり、プレイヤーたちの模倣的な演技は〝うそ〟であると述べた。また、本物のファンタジーは、無表情なマリオネットたちから生まれると考えた。

　寺山は、「制作上のメモ」で、大人が失ってしまったファンタジーを書きたいと述べている。『狂人教育』のラストシーンでは、人形は、皆、同じアクションをする。これは、人間が人間である事を止め、ロボット化する現代社会を風刺している。

　パロールとマリオネットとは、素材として、いわば、死んだ状態にある。しかし、パロールとマリオネットは、朗読者や人形遣いの生命力によって甦生する。パロールは、普段は死んでいるから墓碑のようである。だが、墓碑は永遠に何も語らないが、パロールは話者の発声によって息を吹き返す。終幕で、マリオネットの蘭は死ぬが、蘭のパロールが録音音声となって蘇生する。ドラマ『マクベス』では、物言わぬ首級がステージに置かれる。だが、蘭の録音音声は、テープレコーダーを通して流れる。寺山は、蘭の録音音声をマリオネットのように、生の声ではなくて、素材としての声である事を示したかったのかもしれない。こうして、遂に、寺山は、ステージを破壊し、客電を灯し、ドラマがマリオネットによるファンタジーであった事を明らかにするのである。

10 まとめ

　寺山修司は、生身の身体と無機質の人形やパロールとは無関係だと考えていた。だが、生身の身体とパロールが接近する場合がある。仮に、夢を媒介にするとき、現実と夢の境は曖昧になる。眠っている人は、意に反して、無意識のうちに行動する。正夢と夢の違いがあるように、夢の中の人物は、夢を見ている人とは別人となる。これは眠っている人の意思に反して、夢の中の人物は、勝手に話すからだ。殊に、夢を見ている人と夢の中の人物が同じ人物である場合、自己同一性が混乱する。夢は、明らかに身体とパロールを接近させるが、逆に、違和感も生じる。つまり、夢は時折、微妙に身体とパロールは違うと告知する。

　台本に書かれて眠っているパロールも声に出して読めば、息を吹き返す。このパロールと同じように、病も、息を吹き返す。ちょうど、記憶喪失者が、過去の思い出を音楽で聞くと過去の出来事を思い出すようにである。過去の思い出は夢と同じように仕組みで出来ているかもしれない。現実の世界では、過ぎ去った過去の人物像は実在感が欠落しており、夢のようにぼんやりし、自己同一性が混乱する。

　記憶を喪失した人は、人形と同じような状態になっている。というのは、人形は、記憶能力がないから、他者から与えられたパロールで話す。ちょうど、死んだ蘭が話すパロールのように、テープレコーダーを通して人形は話す。ところで、蘭が話すのは、蘭の記憶ではなく、テープレコーダーの音声である。しかし、録音テープの音のように、蘭の録音テープの音声は蘭を操る人形師の生の音声とは関係がない。

　言い換えれば、蘭の録音音声は、ちょうど、霊のように死んだパロールそのものになったのである。しかも蘭が死んだのは、霊のように空中を浮遊するカラスアゲハになって変身したからである。

　蘭の首が飛んで壁に付着する。その姿は、カラスアゲハが標本箱に収まる

ような具合になる。或いは、ギュスターヴ・モロー作『出現』では、ヨカナンの首は、切断された途端、閃光のように輝くシンボルとなって、サロメの暗闇を圧倒する。サロメは、ヨカナンの首を切った。だが、蘭の首が、壁に付着するように空中にとまる。まるで、カラスアゲハが壁に止まるように空中に静止して美しく輝く。つまり、パラドキシカルな意味では、ヨカナンの首とカラスアゲハは、光と影が織り成す美を出現するのである。蘭の首も、ヨカナンの首も、カラスアゲハも、互いに対を成し、こうして、カラスアゲハは霊のように浮遊する。

多重人格障害患者は、医学の治療によって、回復して病気が治る。ところが、寺山にとって、ドラマの病は治療と無関係である。つまり、死には、生理的な死とパロールの死とがある。即ち、パロールの死は、霊のように舞うシンボルとしてのカラスアゲハである。カラスアゲハはパロールを話さないが、ナレーターが、カラスアゲハとなった死者のパロールを話す。寺山にとって、カラスアゲハは死者の霊を表しているのだ。

寺山は、カラスアゲハをこの世とあの世を結ぶ霊的な役割を付与した。更に、寺山は、眠ったように死んでいるパロールを、発話する事によって、あの世から、この世に呼び戻した。寺山にとって、夢はこの世とあの世を繋ぐ媒体の役割をするのであるが、舞台がその格好の場所となっているのである。

寺山はマリオネットの芝居『狂人教育』、『人魚姫』を書いたが、オブジェとしての人形を自ら作ったわけではない。荒川修作、加納光於、四谷シモン氏らは、身体としてのオブジェを自分で作った。

馬場氏は耳鼻咽喉科の専門医学者として、先ず人間の身体を解剖する視点から芸術作品を見ている。加納光於氏のオブジェ《アララットの船あるいは空の蜜》はアヴァンギャルド作品ではあるけれども、人間の身体を象徴的に模している。

大岡信氏の詩篇が実際にそのオブジェの中のどこかに隠されているが、その紙片が人間の心を司る臓器の一部を象徴していることは想像できる。

寺山が創作したマリオネット劇『狂人教育』や『人魚姫』は、対象の人形

が人間の身体を表すオブジェというより、むしろ人形よりも劇場全体の空間の方が、巨大な人形を象徴しており、大きな空間から観念的で抽象的な人形劇を紡ぎだす可能性があることをドラマにしている。

　言い換えれば、馬場氏にとって、寺山は『狂人教育』や『人魚姫』劇で個々の身体を表している人形というよりも、劇場全体のほうが身体を象徴的に表していると考えている。

　馬場氏の劇評集『サイクロラマの木霊　名古屋発・芸術時評1994～1998』は、氏が劇場全体を大きな身体と考えている好例である。しかし、馬場氏は人間の身体を扱う医学専門家なので、寺山の言葉による観念的な身体論よりも加納氏の具体的なオブジェ《アララットの船あるいは空の蜜》に対する関心のほうがむしろ強い。それを比べると、寺山の『狂人教育』や『人魚姫』は、オブジェであるよりも言葉で造形した抽象的な観念の集積のようである。よって、馬場氏は寺山演劇に見られる心の解剖よりも、加納氏のオブジェに見られる身体の解剖の方に重きをおいて解読していることになる。

注

1）『加納光於とともに』所収「密封された詩集の命運―《アララットの船あるいは空の蜜》をめぐって」（書肆山田、2015.6.30）、127頁。
2）思い出のキャラ図鑑「第13回『マクベス』の演出　新しいクリエイティブ・ディレクション発見へのプロセス－その二」（「ヤフー」2006年9月24日）参照。
3）寺山修司＋宇波彰「対談－逆エディプス」（『地下演劇』十四号、1979年10月20日）、51頁。
4）『寺山修司の戯曲』第九巻（思潮社、1987年）112頁。
5）『寺山修司戯曲集』第一巻　初期一幕物篇、劇書房、1982年）、168頁。以下同書からの引用は頁数のみを記す。
6）Shakespeare, William, *Macbeth* (The New Cambridge Shakespeare, 1997年)、103頁。以下同書からの引用は頁数のみを記す。
7）『寺山修司演劇論集』（国文社、2000年）、53頁。以下同書からの引用は頁数のみを記す。
8）ドゥルーズ、ジル『カフカ　マイナー文学のために』宇波彰・岩田行一訳（法政大学出版局、1983年）、196-197頁。

9）ドゥルーズ、ジル『プルーストとシーニュ』〔増補版〕宇波彰訳（法政大学出版局、1981年）、219頁。
10) Craig, Edward Gordon, *On the Art of the Theatre* (London William Heinemann, 1914), p.81.
11）チャペック、カレル『R.U.R.』栗栖継訳（『カレル・チャペック戯曲集Ⅰ、十月社』、1992年）、256頁。
12）バルタ、イージー「『ゴーレム』を語る」（『夜想』三五、1999年）、16頁。
13）中井英夫「眠れゴーレム」（『新文芸読本寺山修司』河出書房新社、1993年）、55頁。
14）『不思議図書館』（PHP、1982年）、20頁。
15）『寺山修司の戯曲』第九巻　（思潮社、1987年、54頁）。
16）『寺山修司戯曲集』第一巻　初期一幕物篇、劇書房、1982年）「解題」276頁。
17) Lorca, Garcia, Plays One, *Blood Wedding* translated by Gwunne Edwards (Methuen world classics, 1987年)、p.83.
18）寺山修司「黙示録のスペイン－ロルカ」（『私という謎』講談社文藝文庫、2002年）、13頁。以下同書からの引用は頁数のみを記す。
19）寺山修司『墓場まで何マイル？』（角川春樹事務所、2000年）、61頁。
20) Brecht, Bertolt, *Life of Galileo* translated by John Willett(Methuen, 1980), p.98.
21）野島直子「寺山修司とマゾヒズム」（『日本病跡学会雑誌』第六五号、2003年六月）、12頁。
22）『寺山修司戯曲集』第一巻　初期一幕物篇、劇書房、1982年）、「解題」276頁。
23）『寺山修司の戯曲』第四巻　思潮社、1971年）、401頁。

参考文献

Craig, Edward Gordon, *On the Art of the Theatre* (London William Heinnemann, 1914)
Craig, Edward Gordon, *The Mask* (Harwood Academic Publishers, 1998)
Craig, Edward, *Gordon Craig the Story of his Life* (Limelight Editions, 1985)
Innes, Christopher, *Wdward Gordon Craig A Vision of Theatre* (Routledge, 2004)
Redon, Odilon, *a soi-meme journal (1867-1915) notes sur la vie l'* (the EBook version (.pdf format) of the 1922 edition.)
XENAKIS, Iannis, *Music and Architecture* (Pendragon Press, Hillsdale, Ny 2008 First Edition. Hardback. No Dustjacket., 2008)
Beckett, Samuel, *En attendant Godot* (Les Editions de Minuit, 1952)
Beckett, Samuel, *Waiting for Godot* (Faber and Faber, 1965)
Samuel Beckett The Complete Dramatic Works (Faber and Faber, 1990)

Three Novels Samuel by Beckett Molloy Malone Dies The Unnamable Translated by Patrick Bowles (Grove Press, Inc. 1965)
Cronin, Anthony, *Samuel Beckett The Last Modernist* (Harper Collins Publishers, 1997)
Zurbrugg, Nicholas, *Beckett and Proust* (Colin Smythe Barnes and Noble Books, 1988)
Samuel Beckett Now Edited by Melvin J. Friedman (Chicago U.P., 1975)
James Knowlson & John Pilling, *Frescoes of the Skull : The Later Prose & Drama of Samuel Beckett* (Grove Press, Inc. 1980)
Kalb, Jonathan, *Beckett in Performance* (Cambridge U.P., 1991)
Doherty, Francis, *Samuel Beckett* (Hutchinson University Library, 1971)
Alvarez, A., *Beckett* (Fontana Collins, 1973)
Josephine Jacobsen & William R. Mueller, *The Testament of Samuel Beckett* (A Dramabook, 1964)
Core, Richard, N., *Beckett* (Oliver & Boyd, 1964)
A Samuel Beckett Reader Edited by John Calder (The New English Library Limited, 1967)
Modern Critical Interpretations Samuel Beckett's Waiting for Godot Edited by Harold Bloom (Chelsea House Publishers, 1987)
File on Beckett Compiled by Virginia Cooke (A Methuen Paperback, 1985)
Raynham, Alex, *Leonardo da Vinci* (Factfiles Oxford U.P., 2013)
Clarke, Georgia, *Leonardo da Vinci* (Penguin Active Reading, 2010)
Karen Ball & Rosie Dickins, *Leonardo da Vinci* (Usborne Publishing Ltd., 2007)
Nicholl, Charles, *Leonardo da Vinci Flights of the Mind* (Viking, 2004)
Leonardo da Vinci Codices Madrid Iwanami 1975
Raynham, Alex, *Leonardo da Vinci* (Factfiles Oxford U.P., 2013)
Clarke, Georgia, *Leonardo da Vinci* (Penguin Active Reading, 2010)
Karen Ball & Rosie Dickins, *Leonardo da Vinci* (Usborne Publishing Ltd., 2007)
Nicholl, Charles, *Leonardo da Vinci Flights of the Mind* (Viking, 2004)
Leonardo da Vinci Codices Madrid Iwanami 1975
寺山修司『狂人教育』(『新劇』白水社、1962.12)
『寺山修司戯曲集－血は立ったまま眠っている』(思潮社、1965)
『寺山修司の戯曲』第4巻 (思潮社、1971)
『寺山修司の戯曲』第9巻 (思潮社、1987)
『寺山修司戯曲集　初期一幕物篇』第1巻 (劇書房、1992)
南江治郎『世界の人形劇』(三彩社、1975)

岸田真「ゴードン・クレイグの舞台美術−『王位継承者』の上演を中心に」(『演劇と映画　複製技術時代のドラマと演出』晃洋書房、1998)

『加納光於1960−1992』全3冊('60-92 prints, '80-91 paintings, Catalogue raisonné & documents)、(小沢書店、1992)

『加納光於』(南画廊、1967)

『加納光於の芸術』(『水声通信』No. 8、水声社、2006.6)

加納光於「さながら血管樹に蔽われた雷雲よ」(『雷鳴の頸飾り−瀧口修造に』書肆山田、1979)

「特集　加納光於色彩の光芒1954−1992」(『版画芸術』76、阿部出版、1992)

加納光於、大岡信「アララットの船あるいは空の蜜」「索具・方晶引力」(『版画芸術』77、阿部出版、1992)

「特集2　加納光於最新作」(『版画芸術』49、阿部出版、1985)

『加納光於《形象を押しのけて》(ギャラリー東京ユマニテ、2001.11.5−11.24)

『加納光於《身を起こした蛇のために》(ギャラリー東京ユマニテ、1998.11.14)

『加納光於〈燐と花と〉(ギャラリー東京ユマニテ、1999.1.11−1.30)

『加納光於　《胸壁にて》−1980』(アキライケダギャラリー東京　名古屋、1980−11.1−29)

『加納光於−油彩』(アキライケダギャラリー東京、1982−10.4−30)

『加納光於 PAINTINGS '80−83』(北九州市立美術館、1983)

『加納光於　《振りまわす巣房の下で》《その雲形の》』(ギャラリーユマニテ東京、1994)

『加納光於　語りえぬもののための変容』(小沢書店、1981)

『特集　加納光於』(Poetica 臨時増刊　小沢書店、1992.4)

『加納光於「骨の鏡」あるいは色彩のミラージュ』(愛知県美術館、2000.9.15−11.5)

『「色彩」としてのスフィンクス−加納光於 KANO mitsuo 1960−1992』(セゾン美術館、1993)

『加納光於《稲妻捕り》Elements』(書肆山田、1978)

『加納光於』(『加納光於展』バルール画廊、1978.3.27−4.15)

『加納光於色身−未だ視ぬ波頭よ2013』(神奈川県立美術館鎌倉、2013.9.14−12.1)

『加納光於1977−1987版画《強い水−夢のパピルス》』(品川文化振興事業団O美術館、1988.11)

『加納光於展 MIRROR, 33』(南画廊、1965.3.16−27)

加納光於、大岡信「〈アララットの船あるいは空の蜜〉」(『美術手帖』美術出版社、1972.3)

加納光於「アーク・オーロラの分光に屹立して」(『美術手帖』美術出版社、

1969.5)
加納光於「私のデッサン・私のメモワール」(『美術手帖』美術出版社、1964.3)
加納光於「オマージュ澁澤龍彥　八ヶ岳高原にて」(『澁澤龍彥をもとめて』美術出版社、1994)
加納光於「オマージュ澁澤龍彥　八ヶ岳高原にて」(「追悼澁澤龍彥」『みづゑ』No.945.、美術出版社、1987)
加納光於、菊池信義「対話」世界を捲る「書物」あるいは「版画」(『現代詩手帖』思潮社、1987.3)
加納光於「現代版画の危機」(『みづゑ』No.964.、美術出版社、1962.12)
大岡信『加納光於論』(書肆風の薔薇、1982)
大岡信「現代作家論　加納光於」(『qq』7.、qq出版、1974)
大岡信「加納光於個展」(「月評」『美術手帖』美術出版社、1965.5)
『マルチプル・ショー　デュシャンからリキテンスタインへ』(町田市立国際版画美術館、2005)
馬場駿吉『加納光於とともに』(書肆山田、2015.7)
馬場駿吉『点』創刊号 (1965)、2号 (1966)、3号 (1967)、6号 (1976)
馬場駿吉「特集－荒川修作」(アールヴィヴァン1号、1980)
馬場駿吉「幾何学的抽象の極北から吹く風の中で－ヴァザルリ展に寄せて－」(『GALERIE VALEUR』、1976)
馬場駿吉「愛知曼荼羅から東松照明曼荼羅へ」(『愛知曼荼羅－東松照明の原風景』、2006)
馬場駿吉『時の諸相』(水声社、2004)
馬場駿吉『海馬の夢』(深夜叢書刊、1999)
馬場駿吉『液晶の虹彩』(書肆山田、1984)
馬場駿吉『耳海岸』(書肆山田、2006)
馬場駿吉『句集　夢中夢』(星雲社、1984)
馬場駿吉『星形の言葉を求めて』(風媒社、2010)
馬場駿吉『澁澤龍彥西洋芸術論集成』下、解説 (河出文庫、2010)
馬場駿吉『感染症21世紀耳鼻咽喉科領域の臨床』19 (中山書店、2000)
馬場駿吉『駒井哲郎展　第17回オマージュの瀧口修造』(佐谷画廊、1997)
馬場駿吉「世界をからめとるものとしての色彩－加納光於に」(『加納光於胸壁にて－1980』、アキライケダギャラリー、1980)
馬場駿吉「ブーメランの獲物たちのために」(『加納光於－油彩』アキライケダ、1982)
馬場駿吉「万物の海としての補遺－岡崎和郎の作品に触れて」(『岡崎和郎展』倉敷市立美術館、1997)

馬場駿吉『サイクロラマの木霊　名古屋発・芸術時評1994〜1998』(小沢書店、1998)

馬場駿吉「コレクターとしての二つの原則－私の蒐集40年の歩みをふり返って－」(『版画芸術』、2003)

馬場駿吉「一俳人のコレクションによる駒井哲郎銅版画展〜イメージと言葉の共振〜」(名古屋ボストン美術館、2008)

馬場駿吉「集積燦惨アルマン Accumulation 論」『Accumulation Arman』(GALERIE VALEUR、1978)

馬場駿吉「翼あるいは熱狂の色彩－加納光於展に－」(『加納光於 GALERIE VALEUR, 1978』)

馬場駿吉「見えるものから観念への逆探知－ジャスパー・ジョーンズ・レッド・レリーフ展に－」(『Lead Reliefs Jasper Johns』GALERIE VALEUR, 1978)

馬場駿吉『薔薇色地獄』(湯川書房、1976)

馬場駿吉「方寸のポテンシャル」(『洪水』第七号、2011.1.1)

馬場駿吉瀧口修造残像「方寸のポテンシャル2」(『洪水』第八号、spiralvews 2011.7.1)

馬場駿吉瀧口修造残像2「方寸のポテンシャル3」(『洪水』第九号、2012.1.1)

馬場駿吉瀧口修造残像3拾遺「方寸のポテンシャル4」(『洪水』第十一号、2013.1.1)

馬場駿吉「ギャラリスト西岡務を追憶して」(『REAR』リア制作室、2013)、26-27頁。

馬場駿吉「慢性副鼻腔炎における嫌気性菌に関する臨床的ならびに実験的研究」(名士大医誌、20巻4号、1970)、800頁-853頁。

鈴木祥一郎、上野一恵『厭気性菌』(第二版) 小酒井望編－日常検査法シリーズ8 (医学書院、1978)

齊藤一郎「古都に集う音と言葉」(月刊なごや、2015.3 No.390)、22-23頁。

PHARMAKON'90 (幕張メッセ現代の美術展、1990.7.28アキライケダコーポレーション)

日常に偏在するアート (日常に偏在するアート展実行委員会　サン・メッセ、2003.10.7)

谷口幸代「名古屋の文学－俳人・馬場駿吉が見た名古屋－」(『名古屋の観光力』風媒社、2013)

『レオナルド・ダ・ヴィンチ解剖図集』松井喜三編集・解説 (みすず書房、2001)

『レオナルド・ダ・ヴィンチの手記』杉浦明平訳　上・下　(岩波書店、1983)

『レオナルド・ダ・ヴィンチの素描』裾分一弘　(岩崎美術社、1973)

ヌーランド、B.シャーウイン『レオナルド・ダ・ヴィンチの手記』ペンギン評伝

叢書（岩波書店、2003）
久保尋二『レオナルド・ダ・ヴィンチ研究その美術家像』（山陽社、1972）
ヴェッツオン、アレッサンドロ『レオナルド・ダ・ヴィンチ』後藤淳一訳「知の再発見」双書79（創元社、1998）
クラーク、ケネス『レオナルド・ダ・ヴィンチ芸術家としての発展の物語』第2版　丸山修吉、大内賢治訳（叢書・ウニベルシタス　法政大学出版局、1981）
ブランリ、セルジュ『レオナルド・ダ・ヴィンチ』五十嵐見鳥訳（平凡社、1996）
『アラン　ヴァレリー』桑原武夫・河盛好蔵編　世界の名著66（中央公論社、1994）
山岸健『レオナルド・ダ・ヴィンチ考　その思想と行動』（NHKブックス207、1978）
齋藤泰弘『レオナルド・ダ・ヴィンチの謎』（岩波書店、1988）
堀真理子『ベケット巡礼』（三省堂、2007）
「アスベスト館通信」第1号、3号、5号、6号、7号、8号、9号　元藤燁子編集（アスベスト館、1986～1988）
マセダ、ホセ「ドローンとメロディー東南アジアの音楽思想」高橋悠治編・訳（新宿書房、1989）
『コレクション瀧口修造』1巻～13巻、別巻1～2巻（みすず書房、1993）
「特集　瀧口修造」（本の手帖、No.83. 昭森社、1969.8）
『瀧口修造』（『現代詩手帖』、1974.10）
「瀧口修造追悼」（みすず書房、No.233、1979-10）
『池田満寿夫「愛の瞬間」』（美術出版社、1987）
加藤郁乎『江戸俳句歳時記』（平凡社、1983）
加藤郁乎「詩集「形而情学」から　ぽえしす」（『戦後詩大系Ⅱ』、三一書房、1970）
加藤郁乎編『吉田一穂詩集』（岩波文庫、2004）
加藤郁乎編『荷風俳句集』（岩波文庫、2013）
加藤郁乎編『芥川龍之介俳句集』（岩波文庫、2010）
加藤郁乎「久友土方巽」（『アスベスト館通信』8、1988）
加藤郁乎「旧雨音なし」（「総特集　澁澤龍彥」『ユリイカ』6、1988）
『加藤郁乎俳句集成』（沖積舎、2000）
加藤郁乎『膣内楽』（大和書房、1975）
加藤郁乎『夢一筋　あるいは夢の研究』（コウベブックス、1976）
『加藤郁乎詩集ニルヴァギナ』（薔薇十字社、1971）
加藤郁乎「迷宮的建築術が生んだ傑作」（週刊サンケイ、1970.12.31）

加藤郁乎詩集（現代詩文庫45、思潮社、1971）
『加藤郁乎詩集成』（沖積舎、2000）
加藤郁乎『後方見聞録』（学研M文庫、2001）
加藤郁乎「牧神そのひと」（『大野一雄の舞踏』白林聖堂、1977）
天野文雄著編「江口」『世阿弥』（角川学芸出版、2013）
駒井哲郎「パウル・クレエ」（『アトリエ』、アルス、1949.11）
駒井哲郎『白と黒の造形』（小沢書店、1970）
駒井哲郎『銅版画のマチエール』（美術出版社、1976）
駒井哲郎『ルドン　素描と版画』（双書版画と素描 8　岩崎美術社、1974）
『駒井哲郎銅版画作品集』（美術出版社、1973）
『駒井哲郎銅版画展』（東京美術館、1980）
『駒井哲郎版画作品集』（美術出版社、1979）
『駒井哲郎回顧展　没後15年銅版画の詩人』（第1回資生堂ギャラリーとそのアーティスト達、1991）
『駒井哲郎と現代版画家群像果実の受胎』（埼玉県立近代美術館、19947）
『特集　駒井哲郎』（『みづゑ』No.864、1977.3）
「対決！駒井哲郎」（版画芸術80　阿部出版、1993）
池田龍雄『アヴァンギャルドの奇跡』（山梨県立美術館、2010）
池田龍雄「漂着」（『第21回オマージュ瀧口修造展』、佐谷画廊、2001）
『池田龍雄展』（梵天シリーズ　第5章「点生」、ギャラリーさんよう、1981）
池田龍雄「驚異の人・土方巽」（『驚異の人とその周辺展』横浜市民ギャラリー、1989）
池田龍雄「ナンデスカコレワ」（『点』創刊号、1981）
『みづゑ』No.851美術出版社、1976.2
高橋悠治、一柳彗、武満徹（音楽）勅使河原宏監督、安部公房原作『おとし穴』（1962）ポニーキャニオン、2002
勅使河原宏監督短編集『北斎、いけばな、命、東京1958、ホゼー・トレスⅠ・Ⅱ、白い朝、動く彫刻ジャン・ティンゲリー』（1968）ポニーキャニオン、2002

5　馬場駿吉と天野天街 – 市街劇：『地球空洞説』から『レミング』まで

清水　義和

1　まえおき

　馬場駿吉氏は、原智彦氏の市街劇『お熊空唄』(2013年6月〜7月) について、『日本経済新聞』紙上で「劇場から始まって市街劇になり、やがて、劇場に戻って終わる」と評している。[1]

　いっぽう、寺山修司没二十五年記念特別公演で市街劇『人力飛行機ソロモン松山篇』(2008年11月12日) は松山と道後温泉で同時多発的に市街劇が大規模に上演された。[2] 寺山が亡くなって四半世紀経た後でも尚も市街劇は大変な盛り上がり振りであった。

　天野天街氏は、1992年に澁沢龍彦原作『高丘親王航海記』の野外劇を上演した。[3] 会場は白川公園 (名古屋・伏見) で両翼五十メートル、奥行き百メートルの巨大なセットを配して、出演者は五十名を超えた。また、天野氏は愛知県勤労会館で「百人芝居◎真夜中の弥次さん喜多さん」(2005五年8月10日〜13日) を上演している。[4]

　寺山修司や原智彦氏や天野天街氏の市街劇 (野外劇) は、街そのものを劇場化したものであり、劇場は等身大の俳優を間近に見る役者中心の芝居であるようだ。

　原氏は名古屋大須演芸場でロック歌舞スタイル風にシェイクスピアからギルバート＆サリバンのサヴォイ・オペラや歌舞伎までこなし、また海外公演ではシェイクスピアから歌舞伎まで公演した。1970年代、海外公演中だった寺山の天井桟敷と大須歌舞伎は欧州で同時多発的に公演していた。或いは、舞踏家の麿赤児氏が「原氏は日本を代表するダンサーだ」とも語ったアーチ

ストで、土方巽の暗黒舞踏の系譜を引き継ぐ田中泯氏の舞踏と双璧である。寺山が土方巽を敬愛したように、天野天街氏も原氏を敬愛している。

　寺山没後三十年にあたった2013年、寺山や土方亡きあと、天野氏や原氏が市街劇空間や劇場空間に舞台芸術の新機軸を拓こうとしている。これまで天野氏は寺山の『田園に死す』の劇場空間と『地球空洞説』の市街劇空間を演出する体験をしてきた。

　その後、天野氏は『ハニカム狂』（2013年8月10日）を七ツ寺共同スタジオで公演し自身のコアにある反復と舞踏に立ち返ろうとした。なかでも天野氏の新機軸は演出家として劇中客席から舞台に向い「劇を中断せよ」と罵声を浴びせかけ劇を最初からやり直させた。天野氏の演出態度は、寺山の映画『田園に死す』の中断を単に模倣したのではなく、天野氏の演劇を再構築しているように見えた。つまり、天野氏は『ハニカム狂』で同じ台詞を何度も繰り返すことによって、あの世とこの世の狭間に切り込みを入れようとしたがそれが不可能であり、結局舞台には何もないことを実証するドラマとなった。

　因みにフランシス・ベーコンは絵画で、この世からあの世に入り込もうと苦しみの表情を浮かべながら模索する人物の画像を描いている。ベーコンの人物画を見ていると、天野氏が『ハニカム狂』で同じ台詞を役者たちが何度も繰り返しているうちに、あの世とこの世の狭間に切り込みを入れようとして結局舞台には何もないという異次元空間を創りだしたのと似ている事に気がついた。これは、安藤紘平氏の実験映画『アインシュタインは黄昏の向こうからやってくる』の中で、少年が鋏で空に切り込みを入れようとすると、亡き父が「あっ」と叫ぶが、その声が一瞬響き渡って創りだした特異で透明な異次元空間との違いを思わせる。

　本稿では、天野氏は寺山劇を幾つか演出したが、天野氏にとって寺山体験とは何だったのか、それを『田園に死す』、『地球空洞説』、『レミング－世界の涯まで連れてって』を通して検証する試みである。

2 地球空洞説

　寺山修司の『地球空洞説』(街頭劇)の初演は1973年8月1日から4日まで、東京の高円寺東公園で上演された。その後、2013年1月、流山児祥氏と天野天街氏、村井雄氏のチームが、原作とは異なるスタイルの音楽劇として構成し、豊島公会堂で公演した。劇の中では原作通り、風呂帰りの男が〝蒸発〟するのではなく、一人の余分な人間が〝勃発〟するという内容になった。[5]

　流山児祥氏は、生前の寺山を知る演劇人で、『新・邪宗門』[6]から始まって寺山の演劇を破壊し脱構築し続けてきた。また、流山児氏は寺山没後から三十数年の間、間断なく寺山の再演を続けてきた。だが、流山児氏は寺山の演劇をブレヒト的な「異化効果」を引き出そうと修正して上演しようとした。つまり、流山児氏は寺山の映画『無頼漢』をブレヒトの『三文オペラ』仕立てにした。すでに、流山児氏は寺山の芝居『花札伝綺』をブレヒトの『三文オペラ』に更に一層近づけようと試みた。けれども、寺山の演劇はそもそも一枚岩では出来ていなくて多面的に再構成されている。それにまた、演劇は生ものである。2010年代、ブレヒトの異化効果は、1960年代から2000年代初頭頃まで全世界で流行し続けたが、その流行が生き続けていた頃と比較して、今日その影響力は影を薄めてきた。

　そればかりではない。元々、ブレヒトの異化効果と同様に、クルト・ワイルの音楽『三文オペラ』が媚薬的な効果を発揮していた。世界中の観客は意味もなくワイルの音楽『三文オペラ』の麻薬に酔いしれていた。だがその間に、時が過ぎ去り一時の狂乱的な活気が次第に影を薄めてきた。ベルリンの壁が崩壊し、共産主義の衰退に伴って、一時代は終わろうとしていた。恐らく、時代の流れに敏感な流山児氏はこのブレヒトの衰退に危機感を募らせていたのかもしれない。

　流山児氏は『無頼漢』を公演した後に『花札伝綺』を上演したが、その後になって、ブレヒトの衰退を看取したのか、流山児氏は天野天街氏に『田園

に死す』の演出を任せた。それでも、流山児氏は、天野氏演出の『田園に死す』公演の劇中自ら役者として破壊する役割をかってでて、ブレヒトの異化効果が健在であることを実証して見せた。

　寺山修司の『地球空洞説』は『田園に死す』と同様にブレヒト劇とは似ていない。そこで、先ず、流山児氏の演出する『地球空洞説』は、街頭劇ではなくて、戸外の豊島公園の敷地内から劇場の室内へと逆転させた。つまり、流山児氏は『地球空洞説』を、本来寺山が生み出した逆転の手法をもう一度逆転して、街頭劇ではなく室内劇に変えてしまった。

　元来寺山の街頭劇台本は室内劇と殆ど同じ構成で出来ているので、流山児氏の『地球空洞説』は劇場に入った瞬間、街頭劇のコンセプトが消えてしまい、ある種の自家撞着に陥ってしまったのである。

　つまり、譬えるなら、光線の加減で、突出しているように見える凸面も、光線を変えれば、凹んで見えるのと同じように、街頭空間と劇場空間とは別物なのである。だから、『地球空洞説』の劇が終わって観客が豊島公会堂から外にでた時、外で待ち受けていた流山児氏がマイクロホンの拡声器で観客に向かって「豊島公会堂の上空の夜空に浮かぶ地球を描いた気球を見上げるように」と促しても、劇場と野外とは空間が全く異なり、その結果、寺山の街頭劇は有耶無耶になって掻き消えて、焦点が合わなくなってしまったのである。

　ここで、話題をもう一度劇場内に移して『地球空洞説』に戻る。この劇を演出した天野氏は、劇場内の舞台いっぱいに鏡を多用して、虚像空間を生み出し、銭湯帰りの男が蒸発したのではなくて、むしろ勃発した空間を増幅しようとした。

　天野氏が使った鏡版によって産み出した劇場内の虚像空間は、既に、ケネス・ブラナーが映画『ハムレット』で使った鏡面でお馴染であり、或いはミュージカル『コーラスライン』で舞台の背景に張り巡らされた鏡面でもお馴染であった。

　寺山が舞台で使う鏡の扱い方は全く異なる。むしろ、そうした効果ではな

5 馬場駿吉と天野天街－市街劇：『地球空洞説』から『レミング』まで

くて、既に、三十数年前に、寺山が『中国の不思議な役人』で使った魔法の鏡があるが、それは、ジャン・ジュネの『女中達』やコクトーの『オルフェ』やグリムの『白雪姫』から着想をえたアイディアであり、鏡の魔術を産み出した摩訶不思議な幻想の世界であって、寺山のオリジナルと流山児演出の鏡の世界は全く異質であった。

　だから、流山児氏が演出した『地球空洞説』は寺山の持っていた深遠な迷路の手掛かりを見いだそうとして、逆に、見失ってしまった。言い換えれば、流山児氏が劇場で手をこまねいている間に、映像作家の安藤紘平氏の『アインシュタインは黄昏の向こうからやってくる』や作家の村上春樹氏の『海辺のカフカ』などが、寺山の抱えていた問題を発展させ進化させてしまい、流山児氏の頭上を軽々と飛び越えてしまった。

　たとえば、村上氏の『海辺のカフカ』では、突然少年が東京の中野から「蒸発」し、四国に「勃発」する。言い換えれば、『地球空洞説』のように、中野から少年が忽然と消失して、四国に失踪し忽然と勃発するのを想起させる。

　だが寺山の『地球空洞説』の場合は、『海辺のカフカ』と少々事情が違う。寺山の場合、劇の中から居なくなった登場人物は、決して姿を劇に現さないのが特徴である。これはどういうことか。つまり、小劇場の中では、役者の全身像が観客の身近に見える。ところが、『地球空洞説』の街頭劇では、観客が一歩劇場から外に出たら、遠方の方角からでも、ビルの上からでも、ヘリコプターの上空からでも、役者の姿は芥子粒のように小さくなり遂には見えなくなる。ヘリコプターの場合、上空からみると眼下のビルの建物さえも盤上の一升に収まってしまう。ところが、豆粒ほどのビルの中の小劇場は、盤上の一升に収まった空間しかないのに、実際には、遠近法で見ると極少空間の中を、まるで遠近法を無視して東洲斎写楽が描いた浮世絵のように巨大な人間が悠々と歩きまわっているのである。

　ところで、ここでもう一度この遠近法で舞台を見ると、劇場にいる等身大の主人公は、存在している筈であるが、その姿は、ビルの上空からは小さくて見えない。この一例を他の寺山作品に挙げると、『レミング－世界の涯ま

で連れてって』では、下宿人が自分の部屋の有無を大家に尋ねる場面がある。すると、大家は碁盤の升目のように小さな空間に、生の人間がどうして住めるかと反論している。大家の発言は、見る人がいる位置によって生ずる遠近の間に生じる空間の違いを念頭にした発言である。[7]

現在、高感度カメラでは高度数千メーターの位置から地上の原寸大の姿を捉える事が出来るようになり、三十数年前、寺山の時代には裸眼で見えなかった人物が高感度カメラで実物大になって見えるようになった。そればかりではない。地球から遠く離れた月や惑星から地球を眺めた場合でも、地球の等身大の姿を捉える事が近い将来不可能ではなくなってきた。アインシュタインが『相対性理論』で説くように遠い惑星から地球を眺めた場合、時空を超えた姿を見る事が出来るようになり、遂には寺山の『さらば箱舟』のラストシーンの記念撮影のように、百年前の祖父母の若き姿が映っているかもしれないのである。[8]

それを映画化したのが安藤紘平氏の『アインシュタインは黄昏の向こうからやってくる』である。従って、寺山が『地球空洞説』で描いた「勃発」は時空を超えた異次元の存在を意味しているのである。(116-117)実際、『地球空洞説』には『田園に死す』のように、同一人物の風呂帰りの男が子供時代（120）と青年時代になった姿（106）となって現れる場面がある。

流山児氏は『地球空洞説』の前に『田園に死す』を上演したのだから、アインシュタインの『相対性理論』を『地球空洞説』に用いてもよかった。或いは、アントナン・アルトーの『演劇とその分身』にあるダブルの意味を『地球空洞説』に使ってもよかった。けれども、流山児氏は、アインシュタインの『相対性理論』やアルトーの『演劇とその分身』ではなくて、新しいコンセプトを『地球空洞説』に求めようとしていた。

かつて、寺山修司は天井桟敷の初期には素人の集団を目指した時期があり、後期にはワークショップで極めて複雑な技術を習得する時期に移行したが、流山児氏は『地球空洞説』公演に当たり若い役者を養成しなければならないという要請に答えようとした。その為、天井桟敷の後期の芝居を知る人には

5　馬場駿吉と天野天街－市街劇：『地球空洞説』から『レミング』まで

流山児演出に不満が残った。

　流山児氏が新機軸を目指したにもかかわらず、流山児氏演出の『地球空洞説』は不評であった。何故か。その理由のひとつは、1975年に公開された映画『田園に死す』の再上映会が2013年5月11日に「帰って来た寺山修司（早稲田篇）」の講義として早稲田大学大隈講堂であったが、最近の寺山演劇の再演はむしろ1975年製作の映画『田園に死す』を一歩も超えていないことにある。

　演劇は、生き物でその場限りのものである。いっぽう、映画は生き物ではなく、ある一瞬をスクリーンに閉じ込めて、昆虫採集の標本のように、スクリーンの中で永遠の死を生き続けている。しかも、四百年前のシェイクスピア劇の再演と違って、『田園に死す』は四十数年前の映像の再上映を通して見る事が出来る。

　寺山修司の初期の芝居『書を捨てよ、町へ出よう』は、玄人から見れば素人ぽく鑑賞に堪えない。それは厳然とした事実である。先に挙げたアントナン・アルトーは舞台俳優としては二流であったが、映画『裁かるゝジャンヌ』で牧師を演じたアルトーは迫真の演技を見せた。舞台では役者は長距離ランナーのようなもので耐久力が欠かせない。映画では俳優は短距離競走のように集中力を要求される。アルトーは舞台よりも映画向きの俳優であったといわれる。寺山の演劇と映画を軽々に論ずることはできない。だが、少なくとも、寺山を再演する演出家はオリジナルの映画『田園に死す』から学ぶものが豊富にあることは確かである。

　村上春樹氏の小説『海辺のカフカ』は、寺山の映画『田園に死す』式に考えると、ある意味では、誰が父を殺したのかということよりも、どうしたら死んだ父に会えるかが問題である。厳密には、はっきりとは断言できないが、『海辺のカフカ』の中で少年の他我であるようなナカタさんが、少年の父が猫殺しのマニアであることを寓意的に表したうえで、問題のナカタさんが少年の父を殺害してから動物と話すようになるところに謎を解く鍵があるように思われる。

そして少年が謎の疾走を遂げた後を、ナカタさんも疾走する。少年は直接父を殺害しないが、父が殺害された事も知らず、或いは父を殺したのは自分かもしれないと思い疾走する。そして、少年の母親を想わせる女性と会い、思慕し女性の若い頃の分身に恋心を懐く。少年と父親の関係をオイディプスの母殺しの悲劇に重ねていくと、何故、少年が父親殺しを心に抱き苦しむのかが分かってくる。

　譬えるなら、寺山修司の『身毒丸』でしんとくが継母に向かって「お母さん！もういちどぼくをにんしんしてください」という場面がある。これは、しんとくが、現在の自分と将来の自分の再生を願っていることを意味しているのであり、遂にはしんとくが自分を生んだ父を殺し、母が自分を愛し自分の分身を欲しいと願望する事であり、自分が父にとって代わることである。或いは、継母の子供にとって代わることである。

　『海辺のカフカ』では、少年は母親を想わせる女性と会い、思慕し女性の若い頃の分身に恋心を懐く件は『身毒丸』のしんとくと幾分似ている。

　寺山の『地球空洞説』では地球の内側は空洞になっていて、しかも全く同じ人間がそこに住んでいる。空洞から地表に勃発した人は風呂帰りの男で、ちょうど、浦島太郎のように、見かけはそっくりの場所で、自分のアパートの部屋を見つける事が出来ない。(106)

　ここで話題は変わるが、村上氏の『海辺のカフカ』では、少年の父を殺したナカタさんが死ぬとナカタさんの口から得体のしれない化物がでてくる。この化物はどこか羊の皮を被った羊男に似ている。村上氏の羊男は、寺山が描いた『地球空洞説』の中で銭湯帰りの男のように異次元から突如別次元の魔界に姿を現す。

　先に触れたように、天野氏は2009年ザ・スズナリで上演した『田園に死す』で、天野氏にとって赤の他人である寺山の葬儀をマルセル・デュシャンの墓碑銘「死ぬのはいつも他人ばかり」をもじって舞台化した。

　天野氏は『地球空洞説』で鏡板を多用して虚像の勃発を強調したのだが、寺山がいう「この世には生と死があるのではなく、死ともう一つの死がある」

5 馬場駿吉と天野天街―市街劇：『地球空洞説』から『レミング』まで

というアナグラムを十分には表わせなかったように思われる。
　天野氏の舞台『地球空洞説』はどこかしら村上氏の描く世界を思いださせる。天野氏は自作『真夜中の弥次さん喜多さん』の結末で、舞台に弥次さんも喜多さんも居なくなっている。芝居が終わったから、弥次さんも喜多さんも姿を消してしまったのではない。弥次さんも喜多さんも舞台から「蒸発」したのではなく、別次元の世界から異次元に紛れ込んで、その異次元空間に「勃発」したのである。
　何故、天野氏は『真夜中の弥次さん喜多さん』で見せた「勃発」を『地球空洞説』に活かすことが出来なかったのか。映画の場合、モンタージュによって時空間を容易に飛び越える事が出来る。だが、それとは異なって、舞台では時空間を飛び越えることは難しい。舞台であっても、生の人間と異なって、人形劇では、人形は時空を飛び超えることが容易に出来る。天野氏の糸操り人形『平太郎化物日記』では森羅万象を背景にして人形が狭い舞台空間を自由に飛び回っていた。
　筆者は天野氏から『田園に死す』と『ミス・タナカ』の上演台本を見せてもらい英訳した事がある。天野氏の台本の特徴は、特に場面転換では映画の場合は容易でも舞台の場合では極めて綿密な舞台転換を瞬時に行わなくてはならない。例えば、天野氏が演出した『田園に死す』の結末では一種のお経の合唱を男女の俳優がしりとりゲームのようにできており、しかもカノンのように男女が交互に発話する。更にそのしりとりゲームが"東京"という最後の台詞で終わり、仕上がるように構成されている。しかし、文字媒体だけの台本を見ると、そのしりとりの台詞を男女別々に見ていても、一語一語の意味は全く意味が理解出来ない。しかし、男女がコーラスで交互に支離滅裂な台詞を交互に発話するのを聞いていると、確かに、しりとりゲームと同じ仕組みになっていて、言葉に矛盾は起こらない。
　しばしば天野氏の台詞は一種の謎解きのようにできている。映画ではワンシーンを撮るのに何日もかけたり撮り直したり出来るが、映画とは異なり、舞台は少なくとも二時間の間に芝居を完結しなければならない。そこで、天

野氏のアイディアを実現するには、映画では可能であっても、舞台で実現するには極めて短い上演時間という制限問題が生じる。

　殊に、天野氏の芝居は映画の早送りを舞台に再現する仕組みで出来ている場合が多い。だから、寺山の『田園に死す』のように、いっぱいアイディアが詰まっている作品を舞台化するのは殆ど不可能に近い。すると実際の舞台ではどうなるか。筆者が『田園に死す』と『ミス・タナカ』を英訳していた時にイメージした舞台と実際の劇場で見た舞台とはまるで異なっていた。恐らく、天野氏の台本を実現する為には、障壁として限られた時間制限があり、また予算の余裕もなく、その結果多くのプランが縮小されていた。

　かつて、ミドルセクス大学のレオン・ルビン教授が言っていたことであるが、「役者は一つの作品にのみ参加し、かけ持ちをしてはいけない」また、「一つの芝居に一年は何度も稽古の練習をする必要がある」と。

　日本の大学と異なって、外国では演劇だけの国立大学が幾つもある。モスクワの六つの国立大学やロンドンの国立大学に比較して、日本では国立の演劇大学もない。だから、役者の訓練の時間が欠乏しているし、大抵の役者は芝居をかけ持ちしている。大劇場の殆ど台本もないようなエンターテイメントなミュージカルならばある程度許されるかもしれないが、天野氏の台本のように、映画『インセプション』を舞台化したような『田園に死す』や『地球空洞説』の場合、劇場で出来る事が限られてくる。

　しかも、流山児氏は、素人をオーディションで選び、初歩的なトレイニングをして『地球空洞説』を上演しようと意図したのであるから、そもそも稽古の時間に制限があり、芝居の仕上がりは、結果的に、寺山の芝居を見に来た観客に失望感を与えたのは至極当然だった。

　けれども、天野氏の台本は、そもそも映画の台本のように出来ている。もしも、天野氏の台本を舞台用に替えて上演したら、天野氏の台本は舞台では未完成作品になってしまう。結局、天野氏の舞台台本は唐十郎氏の台本のような完成品ではない。天野氏は舞台よりも映画に才能があるとよく言われる。そこが寺山とも似ているところでもある。げんに、寺山の芝居は素人芝居に

近い場合が多い。だが、素人っぽい役者も映画の被写体になれば高性能なカメラのおかげで大変身を遂げる。しかし、天野氏は映画ではなくて、時間と空間が極端に制限された豊島公会堂で『地球空洞説』の芝居を上演しなければならなかったのである。

3 『レミング－世界の涯まで連れてって』

2013年4月、パルコ劇場での松本雄吉演出『レミング－世界の涯まで連れてって』はオリジナルとは違うという違和感を与えた。[9] その理由は、もはや寺山の演劇は生の寺山世代を知らない人に移ったことを印象付けたからである。

現在最も世界でも日本でも注目されている村上春樹氏の小説の世界は、寺山的なコンセプトがいっぱいにあふれている。例えば、村上氏は『海辺のカフカ』では心に問題を抱えた少年を描いた。いっぽう、寺山の劇は心の病める人で満ち溢れている。特に寺山は役者をシャーマンと考えていた。シャーマンは医学のなかった古代社会では医者に相当する。

寺山が翻訳した『マザーグース』は魔術に満ちた世界である。寺山の実験映画『ジャンケンポン戦争』は、柳田國男の『遠野物語』にある「ジャンケンポン」の呪術に基づいている。また、寺山の劇『奴婢訓』はマルセル・モースが『供犠』で表した原住民が祭儀で催す呪術の世界を現している。

寺山は1972年ミュンヘンのオリンピック大会開催中行われたイベントで、『走れメロス』を上演して、メキシコオリンピックでテロの犠牲になった選手たちを鎮魂した。だが、ミュンヘンオリンピック開催中に起きたテロ事件に抗議したデモには寺山は参加せず、デモでは社会を変えられないと考えて、むしろ演劇での芸術革命を考えていた。[10]

村上春樹氏は寺山よりも一歩前進してオーム真理教が引き起こしたサリン事件をドキュメンタリー『アンダーグラウンド』に纏めた。

村上氏はカウンターカルチャー（反体制的な文化）に介入したドキュメン

タリー『アンダーグラウンド』を描いた。村上氏はトマス・ピンチョンがSF小説『ヴァインランド』で展開したアメリカ政府のアーティストに対する厳しい取り締まりを熟知したうえで、『アンダーグラウンド』を描いたのかもしれない。トマス・ピンチョンはオカルトや呪術や鏡の虚像世界や科学の謎を、小説の中でダイナミックに展開している。

　寺山修司は最晩年ピンチョンの『V.』を読みエントロピー理論に基づいて、近未来世界で、人類が滅び、やがて、鼠さえも滅びる結末を暗示した『レミング－世界の涯まで連れてって』を作劇したのである。

　また、村上氏の『海辺のカフカ』の少年のように、『レミング－世界の涯まで連れてって』の登場人物たちは皆心の病を抱えている。

　けれども、松本雄吉氏が演出した『レミング－世界の涯まで連れてって』は、ブレヒトの『三文オペラ』のカウンターカルチャーでさえもなく、まるで登場人物たちが、ジョン・ケリーの『雨に唄えば』を想い出す大都会の市民達のきびきびした生活が繰り拡げられ、オッヘンバックの喜歌劇『こうもり』を想い出させる明るいアウトローのギャグで観客を笑わせた。寺山がよく引用するように、マルクスが『ルイ・ボナパルトのブリュメール18日』で「ヘーゲルは言った。『歴史は繰り返す』と。『一度目は悲劇として、二度目は喜劇として』と」[11]を、松本演出を見ながら思いだした。

4　『田園に死す』

　天野氏脚色演出の『田園に死す』は寺山の世界を脱構築している。とはいえ、かつて、安藤紘平氏は寺山のアナログ映像映画『田園に死す』のアイディアに従って再映像化した『アインシュタインは黄昏の向こうからやってくる』で使っているが、天野氏が公演に関わった『田園に死す』にも『地球空洞説』にも『レミング－世界の涯まで連れてって』にさえもアインシュタインの『相対性理論』のアイディアが欠落している。

　天野氏演出の『田園に死す』は、カフカの『流刑地にて』で用いられた自

殺装置のコンセプトやマルセル・デュシャンの『彼女の独身者たちによって裸にされた花嫁、さえも』、通称「大ガラス」やアナグラム「死ぬのはいつも他人ばかり」やラカンの「虚像論」を駆使して、現在最もトレンディなサブカル（＝サブカルチャー）を浮き彫りにした。

　かつて、寺山が『奴婢訓』で舞台に構築した「自殺装置」を使ったが、天野氏は脚色演出した『田園に死す』の臨終場面で「自殺装置」を使ったのである。寺山自身は既に自作の『奴婢訓』で聖主人を奴婢によって食い殺される場面を『流刑地にて』で用いられた自殺装置のコンセプトを使って劇化している。

　村上春樹氏が『海辺のカフカ』に引用しているが、天野氏は、カフカの『流刑地にて』にでてくる「自殺装置」と寺山の描いた『遊戯装置』にでてくる「自殺装置」とを重ねて、原作の『田園に死す』にはない寺山の臨終場面を挿入したものと思われる。

　天野氏はあの世とこの世の行き来を『真夜中の弥次さん喜多さん』の公演で表した。寺山も『花札伝綺』上演であの世とこの世の行き来を描いている。『真夜中の弥次さん喜多さん』でも『花札伝綺』でも殺人装置がある。天野氏の『真夜中の弥次さん喜多さん』では喜多が舌を切ってあの世に行く。『花札伝綺』では団十郎が殺し屋を演じている。

　村上氏は『海辺のカフカ』の中にはフランツ・カフカの『流刑地にて』を思わせる「自殺装置」を描いている。天野氏は脚色演出した『田園に死す』では寺山が明確に描きこまなかった「自殺装置」を書き込んだ。ところが、観客はあくまでも寺山原作として『田園に死す』を見ている。したがって、天野氏演出の『田園に死す』は寺山がしばしば引用したデュシャンの墓碑銘「死ぬのはいつも他人ばかり」ではなくなってしまった。それに、寺山は『田園に死す』でアインシュタインの『相対性理論』を使っている。だから、寺山の『田園に死す』では少年のように二十年前の時空から二十年後の青年のところに戻ってくる。天野氏は『真夜中の弥次さん喜多さん』であの世とこの世の行き来を現したが、脚色した『田園に死す』では中途半端にして、父

と少年があの世とこの世の行き来を描いておきながら寺山の臨終場面を描いてあの世とこの世の行き来を最後に取り外してしまった。その理由は天野氏が『田園に死す』からアインシュタインの『相対性理論』を省いてしまったところに原因がある。

天野氏の自作映画『トワイライツ』と比較すれば明らかなように、天野氏はトウヤ少年の葬式を描いている。だからトウヤ少年の葬式であって天野氏自身の葬式を描いているのではなかった。

あるいは、天野氏は自分自身ではなく寺山の葬式を描くのであれば、『田園に死す』をもっと脱構築が出来ると考えたかもしれない。天野氏はアインシュタインの『相対性理論』の問題を未解決に残したまま『田園に死す』を演出したが、さらに、天野氏は寺山の『地球空洞説』でも流山児氏と共同演出して再びアインシュタインの『相対性理論』の問題を未解決に残してしまった。

その結果、天野氏演出の『田園に死す』は寺山の『田園に死す』ではなくてむしろ『海辺のカフカ』に似た世界を脚色したと言った方が良いかもしれない。事実、天野氏演出の『田園に死す』では少年が幾人にも分裂している。『海辺のカフカ』でも少年の人格が幾人にも分裂している。『海辺のカフカ』の少年の性格は、アントナン・アルトーの『ヴァン・ゴッホ論』を思わせるように人格が幾つかに分裂している。因みに、寺山はアルトーの『ヴァン・ゴッホ論』を読んで自作にアルトーのアイディアを自在に応用していた。

寺山修司は、元々多面的な観点で『田園に死す』や『地球空洞説』や『レミング－世界の涯まで連れてって』などの芝居を劇作しているので、うっかりすると寺山の複眼的な創作意図を見落としてしまうことになりかねない。

5　おわりに

1983年に亡くなった寺山修司を知らない世代が、松本雄吉演出の『レミング－世界の涯まで連れてって』を見て、「これまでに見られなかった寺山演

5 馬場駿吉と天野天街－市街劇：『地球空洞説』から『レミング』まで

劇を見せてくれた」と称賛した。けれども、影山影子役を、新高恵子氏に変わって常盤貴子氏が演じた時、ある感慨が胸をよぎった。譬えるなら、文学座で公演した『女の一生』のヒロイン布引けい役を杉村春子に変わって平淑恵氏が演じるようになってから、観劇しているうちに、舞台そのものが全体的に何かが変わり、それと共に何かが終わってしまった感じがした。かつて、宇野重吉が役者一代論を掲げたように、影山影子役は新高恵子氏のイメージがあまりにも強烈なので新高氏のイメージを無視して上演するのは問題があるのではないだろうかという感じが残ったのである。

　寺山没後三十数年の現在、悲観論ばかりがあるのではない。安藤紘平氏が寺山の映画『田園に死す』をアインシュタインの相対性理論をひっさげて創った『アインシュタインは黄昏の向こうからやってくる』は、寺山が『田園に死す』で成しえなかった映像を映画に蘇らせた。

　その意味からみると、天野氏は映画を演劇に変えて『田園に死す』を演出したけれども、安藤紘平氏が『アインシュタインは黄昏の向こうからやってくる』で作りあげた映画理念からも、未だに天野氏は吸収できる要素が多分にあった筈である。

　天野氏は松本氏と共同台本で『レミング－世界の涯まで連れてって』に参加した。実際の舞台で、天野氏が執筆した『レミング－世界の涯まで連れてって』の場面を厳密に限定することは難しい。だが、これまで述べてきたように、松本雄吉演出の『レミング－世界の涯まで連れてって』は、寺山原作の『レミング－世界の涯まで連れてって』でもなく、天野氏が『田園に死す』で脱構築し、『地球空洞説』で展開したドラマツルギーで構成されたのでもなかった。けれども、概して、松本雄吉演出の『レミング－世界の涯まで連れてって』は日経新聞や週刊朝日などの雑誌での評価が好意的であった。

　早稲田大学大隈講堂では2013年5月12日「帰って来た寺山修司（早稲田篇）」のイベントがあり、同時に上映された映画『田園に死す』は四十数年経た後でも寺山の真髄を伝える映像であった。

　馬場駿吉氏は、総評して「寺山修司や天野天街氏の芝居は文章にまとまり

がない」と指摘した。そして氏は、「映画つくりでは映像と台本の両方が重要であるが、舞台では台本の台詞が重要である」と述べた。馬場氏は、「唐十郎氏はしっかり芯のある文が書ける文人で芥川賞作家であり、したがって、舞台台本は纏まりがある。だが、寺山も天野もしばしば台本の文章に統一性が欠ける」と指摘した。馬場氏も寺山も俳人であり、両者とも多岐にわたって芸術活動をしている。けれども、馬場氏は「寺山も天野氏も上演台本に纏まりがないところがありその結果劇全体に精彩が欠ける」とも批評している。

　馬場氏は、天野氏が、1992年に澁澤龍彦原作『高丘親王航海記』の野外劇を上演して以来、天野氏の上演には絶えず注目してきた。だから馬場氏は天野氏が『高丘親王航海記』の野外劇を上演に際して発揮した高揚感を起点にして、今後更に野外劇において新機軸を発揮するのを見守り続けている。

注
1) 馬場駿吉『日本経済新聞』(2013年8月1日の夕刊)、原智彦の芝居大須（HAIKAI劇場「お熊空唄（おくまそらうた）」2013年6月28日（金）〜7月7日（日）まで、大須の七ツ寺共同スタジオで開催）
2) 寺山修司没二十五年記念特別公演市街劇『人力飛行機ソロモン松山篇』作：寺山修司（2008年11月12日：正午〜18：00）
3) 原作：澁澤龍彦、脚本・演出：天野天街『高丘親王航海記』、1992年少年王者舘結成十周年を記念して野外劇（会場：白川公園（名古屋・伏見）共催：七ツ寺共同スタジオ）
4) 天野天街『百人芝居◎真夜中の弥次さん喜多さん』(2005年8月10日〜8月13日)
5) 寺山修司『地球空洞説』（新書館、1975）、183頁。
6) 寺山修司、流山児祥、岸田理生、高取英共同台本『新・邪宗門』（『新劇』No.362. 白水社、1983.6)、110-127頁。
7) 寺山修司『レミング−世界の涯まで連れてって』（寺山修司記念館2、2000)、26頁。
8) 寺山修司『さらば箱舟』（新書館、1984)、164頁。
9) 寺山修司原作：松本雄吉演出『レミング−世界の涯まで連れてって』（パルコ劇場、2013年4月21日（日）〜5月16日（木））
10) 寺山修司『走れメロス』（『地下演劇』6号、土曜美術社、1973.8) 85-104頁。

11)「ヘーゲルはどこで「歴史は二度現われる」と言ったか？」www.miyamoto-net.net/column/talk/1213108629.html

参考文献
寺山修司『レミング－世界の涯まで連れてって』（寺山修司記念館2、2000）
寺山修司『地球空洞説』（新書館、1975）

6 寺山修司の『まんだら』と天野天街の『トワイライツ』に於ける不死の世界

清水　義和

1 まえおき

　寺山修司が劇化したラジオドラマ『恐山』(1962) があり[1]、その後改編した『まんだら』(1967) では、死国のチサが再びこの世に生まれて、自分の前身であったフミの生家を訪れる。しかし、チサの前身だったフミの父親古間木義人は「逢えないね。(一人言のように) こんなことはよくあるのだ。祭りの前夜の空さわぎ、風が吹きすぎれば、ものはみな、あとの祭り！」[2]と拒絶して家の中に入れない。だがそこへ後を追いかけてきた死神の東京の男1と男2が現れ、車でチサを轢き殺して再びチサをあの世へ連れて行く。寺山が劇作した『十三の砂山』に先立つ詩集『地獄篇』(1970) では、話し手の'ぼく'が語る物語として、'ぼく'の妹スエが一度死んだが生き返って棺桶から出てくる挿話がある。妹スエは本当の名前をチサであるという。妹スエの話によると六歳のとき死んだが、後になって息を吹き返し棺桶から出てきた。その場所は自分の生まれた場所ではないと断言する。'ぼく'が妹スエの生まれた場所十三潟村を訪ねてみると、そこにはチサがかつて居た蹄鉄屋の義人の娘チサが三年前に死んで今はもう居ないということが判明する。一度死んだ人の魂がもう一度この世に戻り元の身体に戻って再生する話は、説教節『小栗判官』や『しんとく』にある。また、チェコスロヴァキアにもレーウというラビが泥人間のゴーレムの舌下にシェムを置いてお祈りをする。するとそのゴーレムは蘇生する伝承がある。カレル・チャペックはその伝承をもとにして『R.U.R.』を劇作した。

　死の国ついて小説や芝居や映画になった時期が戦前のヨーロッパにあった。

第一次世界大戦下にあった当時のヨーロッパは、惨禍が人々に地獄絵となって重くのしかかっていた。その時代にはヴェルナー・ヴァルジンスキーが小説『死者の国へ』で、ちょうどギリシャ神話の『オデュッセイア』でオデッセイがキルケのために冥界に連れ込まれるような死者の国を書いた。更に、ヘルマン・カザックは『流れの背後の市』でヒットラー亡き後に写実主義を排除した死者の国を書いた。それぞれの小説では死者たちの国が克明に描かれている。更にまた、ジャン・コクトーはギリシャ神話をもとにした詩劇『オルフェ』を書き、オルフェが死んだ妻を冥界に求める劇を上演し映画化した。また更に、実存主義者のサルトルは、シナリオ『賭けはなされた』で、死んだ男ピエールがもう一度この世に蘇るドラマを描いた。一体、寺山が当時欧州で死の国を描いた文芸をどれほど知っていたのだろうか。ともかく寺山は『まんだら』の中で、盲目の女に「死の国」や「地獄」(193)について語らせている。

　第一次世界大戦下のヨーロッパでは、他にもバーナード・ショーが『傷心の家』や『真実すぎて返って悪い』や『ジェネヴァ』で戦争の惨禍を描き、プルーストは『失われた時を求めて』で主人公マルセルの親友サン・ルーの悲惨な戦死を克明に描いた。これらの作品が書かれた背景には未曾有の第一次世界大戦で破壊され廃墟と化した町があった。

　寺山は第二次世界大戦で青森空襲の惨禍をもとにしたエッセイ『誰か故郷を想はざる』所収の「空襲」を書き、他に『疫病流行記』で父親の八郎が戦病死したドラマを南方のセレベス島を舞台にして戦争の爪痕を描いた。寺山が戦争体験をもとにして書いた作品には人間が死に直面して極限状態に陥った時に抱く疑問「自分とは一体何者なのか」にたいする問が共通して見られる。実際、寺山は『誰か故郷を想はざる』で、自分とは「誰だろう」と自問し、或いはラジオドラマ『まんだら』の中ではチサに「あたしが一体、だれなのか？」(184)と、まるでゴーギャンが描いた『我々は何処から来たのか。我々は何者なのか。我々は何処へ行くのか』の絵画の題名のように自問させている。

寺山は、死者の痕跡のような世界を、『まんだら』や『地獄篇』の中でチサやスエの死後の物語として書いている。だが、いっぽうで、作者の寺山は人間が死んでしまえば、たとえチサやスエが作品の中で生き続けるにしても、サチやスエは作品を延長して新しい時間軸の中でそれ以上に死を生きることは出来ないと考えていた。だから、寺山は、生の本体の体が死ねば死も死に、死者はホルマリン漬けのように、映像や録音や写真や作品の中に閉じ込められて、他人が死者に何を聞こうとしても死者は化石のように何も答えはしない。例えば『誰か故郷を想はざる』では、寺山は「生きている人は死んだら死も死ぬ」[3]と書いている。

　この寺山の自問は、実存哲学者サルトルが『賭けはなされた』で書いた死んだピエールが再生する不可解な場面を見たとき一体どのように反応したのだろうか。というのはサルトルが描いたピエールの死と復活を見ていると、不条理な死者のイメージが逆説的に思い浮かんでくるからである。ともかく、実存哲学的に考えれば、サルトルにしても自分が死んでしまえば、もはや死んだ自分は何も語ることは出来なくなることは自明の理であった。だから、当然寺山も生きている人が死んでしまえば、死も死んでしまうと考えたと思われる。けれども、寺山はサルトルが書いた不可解なピエールの幽霊を見たとき「自分とは一体何者なのか」という不条理な馬鹿馬鹿しい存在を反射的に深く問い直さざるをえなかったのではないか。そして寺山はこの無機質な死について改めて考え直さざるを得なかったのではないだろうか。後になって、寺山は『中国の不思議な役人』で中国の役人の死と復活をドラマ化することになる。

　寺山は実存主義者サルトルの『賭けはなされた』を読み、或いは映画を見て、死者のピエールが幽霊となってスクリーンに現れるのを眼前にしたとき、逆説的であったにせよ、もしかしたらその時、不死のコンセプトを思いついたのではないだろうか。

　天野天街氏は短編映画『トワイライツ』を制作しているが、映画では電車に轢かれた少年東山トウヤが、自分が死んだという過去の事実を認めること

が出来なくて自分の家に戻ろうとする。ところがトウヤは家の中には入れてもらえない。しかも家の中では少年トウヤの葬式を行っている。

　寺山にしても、天野氏にしても、彼らのドラマや映画の中に現実の時間だけでなく過去の失われた時間と一緒にドラマや映画が進行しているようなのだ。例えば現実の時間と過去の失われた時間の整合性を考える場合にヒントとなるのは、縦軸の現在と過去の歴史的時間軸を、横軸の自国の時間空間と異国の時間空間の地理的時間軸とを九十度角度を変えて整合してみると明らかになる場合がある。実際寺山は見知らぬ土地や異国への憧れが強かった。だから寺山が海外公演を何度も繰り返したのは、その理由のひとつとして寺山はいわば異国で異邦人から失われた過去の時間を取り戻す得る機会になったからかもしれない。寺山は『誰か故郷を想はざる』に書いている。

　　すかんぽかうめの咲いている道を歩きながら「たしかに、ここは前にも一度通ったことがあるな」と思う。すると、それは生前の出来事だったのではないか、という気がしてくるのである。(12-13)

　文化人類学者のミルチャ・エリアーデは異国の文化や異邦人に接することによって、自国の文化の中で未だ明確に分らなかった部分が鮮明になることがあると述べている。或いはまた、コリン・ウィルソンは『オカルト』の中で性的オルガスムがもたらすエクスタシーによって、あたかも間欠泉ように一瞬のうちに、現実の世界とは全く異なる空間を一瞬にして全貌を認識すると述べている。それはもしかしたら失われた過去の時間を垣間見ることなのかもしれない。

　天野氏は、自分のドラマの中でリフレインを多用する。だが、天野氏が見知らぬ異界の出来事を何回も繰り返し観客に提示するので、観客は暗示をかけられたかのように何時の間にか見知らぬ異界の出来事に慣れ逆に日常の出来事が益々希薄になって、次第に日常のほうが異化していることに気がつく。更に、天野氏は有りえない異界の出来事を数学の公式にように辻褄を合わせ

ていくので、気がつかないうちにマジックやパラドックスが作用して、非日常的な異界の世界が日常の世界のように見えてきたりする。だから天野氏の『トワイライツ』にある非現実の世界も交通事故で少年遠山トウヤが死んだというリアリティーを知っていながら、観客は知らず知らずに迷い込んだ冥界が奇妙な具合にリアリティーを帯びてきて現実の世界の出来事を見ているような錯覚に陥ってしまう。

　そのような異邦人的な視点や精神集中の観点から寺山の『まんだら』や『地獄篇』と天野氏の『トワイライツ』の異界を見ていると、何時の間にか我々が住んでいる現実の社会の方が見知らぬ国のように逆転し、あべこべに死に絶え失われた過去は一瞬のうちに鮮やかに蘇ってくるようにみえる。死の床にある人は、死の旅路で、走馬灯のように瞬時に人生を振り返るといわれる。或いは、胎児は子宮の中で太古から近代まで極めて短時間のうちに辿っているともいわれる。死に絶え失われた人生にしても、或いはまた、人類の過去の歴史にしても、間欠泉のように一瞬にして思い出すときがある。その一瞬を書き留めることは容易ではないが、精神を集中すれば凝縮した膨大な時間を高角度レンズで写しとるようにして読み取ることが出来るかもしれない。寺山や天野氏が展開する劇や映画はそうした異次元の世界を表している。

　本稿では、寺山が『まんだら』や『地獄篇』に表し、また天野氏が『トワイライツ』に表したメッセージを異次元世界から送られてくる暗号として解析する試みである。

2　儀式としての『欲望という名の電車』

　ミドルトン・シングが書いたドラマ『海に渡り行く者』には、アイルランドの島々の女性が荒海に向かって漁に出た男たちの死を悼む話である。大時化の海に出かけることは危険であるが、漁民は荒海で漁をしなければ生計をたてられない。そこで、男たちは海に出て漁をするが大抵遭難して死ぬ。後

に残された女たちは自分たちがおかれた運命を呪う。この死者を悼む話と似たドラマが、テネシー・ウィリアムズの『欲望という名の電車』の中にある。その場面では心の病に苦しむブランチが弔いの花を売る盲目の女性の声を聞きながら、臨終の床にある男を、不治の病を患った女性が人生を呪い嘆き悲しむのを思い出している。

She is a blind MEXICAN woman in a dark shawl, carrying bunches of those gaudy tin flowers that lower-class Mexicans display at funerals and other festive occasions.[4]

更に、ウィリアムズは『欲望という名の電車』の第九場で、ブランチがモノローグのような台詞を語る。

MEXICAN WOMAN: *Flores. Flores. Flores para los muertos. Flores. Flores.*

BLANCH: What? Oh! Somebody outside ... I-lived in a house where dying old remembered their dead men...（.205-206）

ウィリアムズが『欲望という名の電車』の第九場で、記している殆ど同じト書を寺山は、『青ひげ公の城』の中で引用している。ある意味でこのブランチの台詞はシングの『海を渡り行く者』の悲惨な女性の呪いと幾分似ている。寺山は、他にもウィリアムズの作品『去年の夏突然に』や『焼けたトタン屋根の猫』や『話してくれ、雨のように……』などに傾倒した時期があった。例えば、寺山は、唐十郎氏との対談で明言している。

寺山 ぼくは昔、テネシー・ウィリアムズの台詞にしびれたね。ジロドゥもそうだ。あの頃の演劇は「文学」だったんだよ。[5]

6 寺山修司の『まんだら』と天野天街の『トワイライツ』に於ける不死の世界

　寺山はウィリアムズのドラマを好んだが、殊にウィリアムズの『欲望という名の電車』を心から愛した。『欲望という名の電車』の中では死者を弔う花売り女が出てきて近所の人に花を売り歩くのをブランチが耳傾け臨終の場面を思い出す場面があるが、寺山はこの臨終場面に惹かれ『青ひげ公の城』に引用している。恐らくその理由のひとつは、寺山が描くドラマの中で心の病を患った女性が、『星の王子さま』や『青ひげ公の城』に登場し弔いの花売りが弔いの花を売る台詞をリフレインのように繰り返し耳傾けさせているからである。

　さて、『欲望という名の電車』の中でブランチは弔いの花売り女の声を聞きながらピストル自殺した夫を思い出す。この場合、ある意味で、ブランチは夫を思い出しているだけでなく、死者と交流しているのであろう。このように、寺山は『欲望という名の電車』のなかで、死者を弔う花売り女が花を売り歩く場面がよほど気に入ったらしく、この場面を『ある夏、ある男』や『青ひげ公の城』の中にも引用している。また『欲望という名の電車』の終幕近くの第十一場には、ブランチが精神病院に連れ戻される場面がある。

> The MATRON releases her. BLANCHE extends her hands towards the DOCTOR. He draws her up gently and supports her with his arm and leads her through the portieres.（225）

　寺山は『青ひげ公の城』の結末で『欲望という名の電車』の第十一場の場面を思わせる場面を仕立てている。だが、寺山はブランチが精神病院に連れ戻される悲惨な場面展開を自作で使わなかった。恐らく寺山は精神病をリアルに描くよりも心の病を暗示に止めるほうがもっと悲痛な気持ちが観客に伝わると考えたようである。

　ミルチャ・エリアーデは日本神話のイザナギとイザマニを例に取り天界と地界との聖体婚姻と同時に地母神によってのみ行われる創造について次のように述べている。

> Izanagi pronounces the sacramental formula for separation between, and then go up to heaven ; while Izanami goes down for ever into the subterranean regions.[6]

　エリアーデが論述する天界と地界との聖体婚姻は、シングやウィリアムズや寺山のドラマが表している生者と死者の別離の問題と何処か遠いところで互いに響きあっているように思われる。さて、ソートン・ワイルダーが書いた『わが町』では不慮の事故で死んだ女性エミリーがあの世からこの世に戻ってくる。或いはまたバーナード・ショーが書いた『聖女ジャンヌ・ダーク』の夢の場で、昔兵士が、ジャンヌが火刑にあっているとき彼女に粗末な木で組み合わせた十字架を与えた善行により一年に一度だけこの世に来ることが出来る。このようにこの世に戻ってくる話は、芥川龍之介が書いた『蜘蛛の糸』でも、悪人が一度だけ生前に善い事をした報いで地獄から抜け出す挿話と似ている。更に、天野氏の『トワイライツ』では遠山トウヤ少年が本能的に帰郷願望を懐きあの世からこの世に魂の憩いの地を探し求める。ところが、寺山の場合には、『身毒丸』や『草迷宮』では、更に、しんとくや明少年は女人の声に惹かれて、この世からあの世への子宮回帰「お母さん！もう一度ぼくをにんしんしてください」に憧れる。

　寺山と天野氏のドラマに共通したテーマは夢の中の出来事のように幽かであるが、恐ろしい記憶と繋がっている。つまり、人は誰でもありえない出来事に怯える。しかしありえない出来事の世界の方が現実の社会よりも根が深くて底なし沼のように深淵である場合がある。その意味では寺山と天野氏の世界は、現実にはないがむしろシュルレアリスムや夢の世界と繋がりが生じてくる。

　死のイニシエーションとは幾分異なるが、シャーマンの修行のように死と再生のイニシエーションから、やがて寺山の映画『田園に死す』に描いた恐山の霊媒師"いたこ"の口寄せがある。寺山は文化人類学に関心を持ち、シャーマニズムにも興味を持っていた。古代のシャーマンは現代の精神医科

医のように心の病を持った人を癒して治療した。寺山はシャーマニズムの影響のせいか、天野氏と比較して心の病の痕跡を明確に映画やドラマに刻印を残している。しかも寺山が東西の文化から影響を受けて作品を書いた。例えば、谷崎潤一郎は『人魚の嘆き』で東洋の人魚伝説に基づいて妖精物語を描き、やがてそこから迂回して西洋の人魚伝説に傾倒していったが、同じように、寺山は『身毒丸』や『草迷宮』で、『小栗判官』や『しんとく』の説教節に基づきつつ、やがて西洋のシングの『海に行く騎者』の女性たちやウィリアムズの『欲望という名の電車』の死者を弔う花売りにまで迂回して死者を弔う物語を描いたのである。更に寺山はそこから更に文化人類学やシャーマニズムやギリシァ神話の豊饒の女神デメテルが示唆している子宮回帰を経て、地母神の源泉である妖精の源をロジェ・カイヨワが『石』で論じた"石の水"にまつわる太古の妖精物語にまで遡ってドラマを描いている。

3 『まんだら』の迷宮

寺山は『欲望という名の電車』に出てくる弔いの花を売り歩く女の場面が好きであったとみえ、自らのラジオドラマ『まんだら』に繰り返し使っている。

> 七草の女　花はいかが　花は…
> 　　　　　葬儀の花なら　ぼたん　きく（187）

寺山は『まんだら』で、コクトーの『オルフェ』の神話や『日本書記』にあるイザナギとイザナミの神話をコラージュして使っている。殊に、『まんだら』では、謙作が死んだチサを振り返ってみてはいけないという場面があるが、これと似た場面が『日本書記』にあるイザナギとイザナミの神話やコクトーの『オルフェ』の詩劇に出てくる。

チサの声 でもあなたがふり向くとあたしは消えてしまうでしょう。
(201)

　寺山は死のイニシエーションを自分のドラマに重要なエレメントとして使っている。例えば、キリスト教文化圏のドラマでは受難や殉教と復活のテーマが重要なモメントを占めている。他方、寺山の『田園に死す』では、恐山に死者が集まる霊場が舞台となっていて、化鳥が「母さんどうか生きかえってもう一度あたしを妊娠してください」と言う場面は、死と再生のイニシエーションを映画化しているところである。また寺山の『まんだら』は仏教的な色彩の強いテーマが見られるが、寺山の場合、文化人類学やニーチェの永劫回帰からの影響が見られ、しかも寺山固有の土着性とシュルレアリスムが劇の核のところで同居している。更にまた寺山の映画や演劇には、夢が大きな要素として機能し、茫漠とした夢の中で、常に解けない謎が、迷宮の世界を茫漠としてドラマの底辺に横たわっている。

4　『田園に死す』の指差しマーク

　萩原朔美氏は、「寺山の作品の多くはあの世からこの世を見ている」と言う。寺山の『田園に死す』には、葬式の時に使われる「指差しマーク」が使われていて、映画はこの世ではなくあの世を指しているように思われる。
　映画の最初の場面では墓場で子供たちがかくれんぼしているシーンがある。その直後に、子供たちは一瞬のうちに行方不明になり、代わりに戦争で亡くなりセピア色をした大人たちが現れる。この大人たちは死者のようであり、寺山の死んだ父・八郎やその戦友のようでもある。また映画に出てくる柱時計は壊れて止まっていて現実の世界ではない事を示している。少年時代の'私'は、恐山に登りイタコに会って死んだ父と話をするが、恐山は何よりも現世と離れた高所にあり、『堅忍の城』で表される天界に近いことを暗示している。更に、汽車は、歌舞伎の道行きを表す道具として使われているよ

うで、鉄道線路沿いには葬式の時に使われる「指差しマーク」が表れ、葬儀場へ向かう汽車の雰囲気がある。これと似た場面が天野氏の『トワイライツ』に出てくる。或いは、寺山は『田園に死す』の中で、恐山にある三途の川のシーンを、化鳥と嵐の心中や赤子を川に流して死なす場面の伏線として効果的に使っている。また映画『田園に死す』は映画の途中で突然中断して、二〇年前の自分と現在の自分とを一緒に並べて、自分とは一体何者かという問題を表している。

　寺山は、文化人類学者のレヴィ＝ストロースやフレイザーやマルセル・モースやエリアーデを読み知識欲が旺盛だった。恐らく早ければ寺山は既に青森高校時代から、或いは早稲田大学の学生時代にネフローゼで入院していた頃文化人類学に興味を持っていたかもしれない。また『田園に死す』にもボルヘスが引用されているが、森崎偏陸氏によると「寺山はボルヘスと同じ時期に「不死」のコンセプトを持っていた」という。

　寺山の『大山デブ子の犯罪』や『まんだら』の台本を読むと、寺山がレヴィ＝ストロースやフレイザーやマルセル・モースやエリアーデの文化人類学から得た知識が透けて見える。『青森県のせむし男』や『毛皮のマリー』にしても、寺山は見世物の復権を掲げて上演したのだが、少なくとも寺山はシャーマン的なお祭りのコンセプトをその頃から持っていたと思われる。

5　『トワイライツ』と柱時計

　天野氏の『トワイライツ』は、あの世とこの世との境目、例えば、ケルトの薄明は、昼でもなく夜でもない中間地帯でありこの時刻には妖精が出没するトワイライトの時間帯を描いている。遠山トウヤ少年は電車に轢かれて死んだのでこの世の人とは会話が出来ない。トウヤはこの世の人との気持ちの交流をスクリーンにインポーズされた文字で表している。ちょうど、ソートン・ワイルダーの『わが町』で死んだエミリーが現実の世界の人と会話が出来ないのと状況が似ている。

映画『トワイライツ』にしばしば表れる柱時計は三時を示したまま止まっている。その時刻はトウヤが事故にあい死んだ時間なのだろうか。それに元来スクリーンの出来事は現実や歴史のように進行する時間が存在しないからいわば不死の世界を表している。また、映画『トワイライツ』には葬式の場面が出てくる。いわば、スクリーン上ではトウヤがあの世からこの世の自分の葬式場面を見ている。それに祭壇に飾られた遺影はトウヤの写真である。トウヤと遺影の関係を見ていると、寺山が好んだマルセル・デュシャンのアナグラムに似た「ぼくは不完全な死体として生まれ何十年かかって完全な死体となるのである」のフレーズを思い出させる。

トウヤが映画館でスクリーンに映された自分の姿を見る場面がある。そのスクリーンには、ついさっきトウヤが映画館に入ってきた様子が監視カメラで撮影されたように、そのままトウヤがスクリーンに再び映しだされる。つまり、天野氏の映画は過ぎ去り失われた時間を、今度は映画のスクリーンに再生することによって、まるで今まで生きていてその直後死んだ人間の映像をカメラに撮って、それを巻き戻して再生し、死者を生き返らせるかのようだ。つまり、まるで映画は失われた時間をスクリーン上に取り戻したかのように、映像を再生して死者を再生しようとしているようなのだ。しかも、トウヤは死んだ事になっていて、そのうえ映画の中に出てくる他の人たちのもセピア色に変色した古い写真のようにスクリーンにインポーズされ、コラージュ風に画面に張り付き死の国を表しているかのようである。

映画『トワイライツ』には汽車が出てくるが、トウヤが汽車に轢かれて、あの世へ連れ去られていくようだ。更にまた、映画のスクリーンには火の見櫓や屋根などの高所が示される。恐らくこの火の見櫓はトウヤが高い天界から地界を見下ろす構図を表しているらしい。しかも、いつもトウヤ少年と一緒にいる黒マントを着た男はメフィストファレスのような風貌で火の見櫓を伝って天界にまで達しようとしている。

更に、映画ではトウヤが棺桶に入りそこから出てくると海辺の光景が表れる。この水辺の光景は羊水のようでもあり子宮を表しているように見える。

また駅のプラットホームが出てくるが、少年が到達する駅の名は終着駅である。終着駅はサローヤンの「あらゆる男は命をもらった死である」のフレーズを思い出させる。

　生が終わるところで死も終わる。トウヤは自分の死を認めないが、まるで旅人が終着駅に着いてほっとして「おしまい」とつぶやいた瞬間、安堵感もないうちに、死がトウヤと共にスクリーンから掻き消えてしまう。

　これまで見てきたように寺山と天野氏の作品を比較してみると、天野氏の『トワイライツ』の多くの場面は寺山の『まんだら』や『地獄篇』や『十三の砂山』や『田園に死す』の影響が見られる。例えば、馬場駿吉氏は「天野氏の映画で示される止まった柱時計や葬式の場面や表札の「遠山」は寺山の柱時計や葬儀用のマークと似て、あの世からこの世を見ている構図が寺山と似ている」と指摘している。また、天野氏の『トワイライツ』に出てくる表札の「遠山」と少年「トウヤ」は柳田国男の『遠野物語』をコラージュしたもののようである。

　天野氏は文字を脱構築して、そのバラバラの解体した文字をコラージュして独特の新しい文字のイメージを生み出している。いっぽう、寺山の場合は伝統的な俳句や短歌のフレーズを解体しコラージュして新しいイメージを作った。しかし、寺山は、天野氏のようにイラストレーターの感覚で文字そのものを解体して新しい文字のイメージで映画を作ってはいない。少なくとも、天野氏は寺山のように俳句や短歌を映画にインポーズして寺山の映像を模倣しなかった。天野氏の映画を見ていると、彼の亡父が営んだ漫画の貸し本屋や彼が生まれ育った原風景が透けて見えてくる。

6　まとめ

　天野天街氏が劇作した『トワイライツ』では、トウヤ少年が、ソートン・ワイルダーの『わが町』で死んだエミリーようにこの世とあの世を往き来する。寺山の詩集『地獄篇』やラジオドラマ『まんだら』や『十三の砂山』や

『ある夏、ある男』やドラマ『青ひげ公の城』や映画『田園に死す』でも、死者たちがこの世とあの世を往き来する。けれども、寺山の場合、人は皆スクリーンに入って不死の人になるという考え方があり、舞台もスクリーンと同じように不死の人が行き交う異次元空間として舞台化している。

　シングやウィリアムズの劇は、芝居が終われば皆役者はそれぞれの自分に戻っていく。だが寺山は、『青ひげ公の城』で、ブランチは舞台が終わった後どうなるか述べる。つまり寺山はブランチが舞台で芝居が終わった後もブランチであり続けると書いている。言い換えれば、観客はブランチを劇場でしか考えていないが、寺山の手にかかると、ブランチは生霊のような思いが残って俳優に憑依し、その俳優が劇場から出てからも一緒に生き日常生活を続けている姿を描いている。寺山のキャラクターは、ちょうどノエル・カワードの『陽気な幽霊』の幽霊のように不死の人として生きている。一方、天野氏の『トワイライツ』に出てくるトウヤは映画がスクリーンで上映される度にあの世とこの世を行き来する人物として登場する。

　天野氏は他に自作の『平太郎化け物日記』で鶴屋南北風な妖怪の世界を描いている。他方、寺山も『小栗判官』のような妖怪の世界を『身毒丸』のしんとくに描いている。だが、寺山は、更に文化人類学や構造人類学の視点を活用し、失われた過去の世界を押し広げて、古代の儀式や慣習が未だに死滅せず今なお未開の人たちの間で生きている現実を応用し、寺山の映画『さらば箱舟』では沖縄の土着の住人が太古の死者の霊と交流する姿を描いた。そこで、もしもこの世を現代とみて、あの世を古代と仮定するなら、いわば現代の機械文明に先住民族を同居させると、あたかも現代にこの世とあの世が混然一体化として存在する事になる。こうして、寺山は死滅した過去の時間が先住民族の儀式や慣習の間に未だ生きている事を利用して不死の世界を映像化し舞台化した。しかも、寺山の考えでは、原始文化のほうが現代よりも優れていると考えていた。だから、寺山は、原始文化は過去に全てが絶滅したのではなく、現代人の間で忘れ去られ、眠ったままなのだ。だから、ちょうど、ペロー童話の『いばら姫』のように、何時か深い眠りから眼を覚ます

と暗示しているのだ。だから寺山は、譬えるなら、プルーストの水中花のように、縮れた和紙が水の中で膨れ上がり開花するように、干からびたミイラも蘇り再生すると暗示している。つまり、寺山の映画やドラマのキャラクターも、水中花のように映画やドラマが始まれば不死の人として蘇るのである。

　天野氏はイラストレーターとして独自のアートを構築してきたのだから、軽々しく寺山のアートと似ているとはいえない。しかし、『まんだら』のチサも『トワイライツ』のトウヤも、一度死んだ子供である個所が似ており、また二人とも親の家に帰っていくところが似ている。異なるのは、寺山の場合死んだ人間が『さらば箱舟』のラストシーンのように再生することであろう。ここが『さらば箱舟』のラストシーンとエリアーデのシャーマンの間に繋がりが見られる。

　既に指摘したように『田園に死す』でも、『トワイライツ』でも柱時計が止まったままでいるところが類似している。つまり、両方の映画ともに死の世界からこの世を見ている視点に変りはない。

　吉本隆明氏がかつて、寺山の死生観について「既視感の話に引っ掛かってくるわけですけれども、一種の生まれ変わりの話っていうことになるわけですけれども。寺山さんが大変興味を抱いたっていうことが根底にあるわけです」と指摘した。[7]更に、寺山の既視感は、フレイザーの『金枝篇』を考察し、古代人の考え方を現代に復活させて自分のドラマに応用した。ちょうど、これはハロルド・ピンターがギリシャ神話の豊饒の女神デメテルを自身のドラマ『昔の日々』で劇化したのと似ている。

　天野氏は「現代の劇作家は大なり小なり寺山の影響を受けている」と語った。意識的にせよ無意識的にせよ多くの現代の劇作家は寺山から影響を受けている。

　このように、天野氏の『トワイライツ』の時計やトウヤ少年の再生は、寺山の『田園に死す』(1974)『さらば箱舟』(1982)の時計や『まんだら』の一度死んだ筈のチサの再生と幾分類似点があることが明らかになる。もしかしたら、天野氏は寺山の既視観から意識的にも無意識的にも影響を受けて芝

居を書いているのかもしれない。

　天野氏と寺山には異なる点もある。先ず、天野氏は遅筆であるが、寺山は優れた作品を矢継ぎ早に書き続けた。けれども、一方で、天野氏のドラマそのものは台詞回しや場面展開や場面転換が目まぐるしく、しばしばその舞台転換のスピード感覚についていけなくなる。だから、天野氏の映画や芝居は繰り返し何度も何度も見直す必要がある。すると、一種の心の間欠泉のように、断片が一体に集まってそのイメージが鮮やかに脳裏に焼きつく。同じように寺山の映画や芝居の展開も、天野氏と同様にスピードが速いが、何度も繰り返し見ていると、まるで急にストンと穴に落ちたような気持ちになり、その穴の底から見上げると空に月だけが明るく輝いて見えるようだ。寺山は『青ひげ公の城』の中で「月よりも、もっと遠い場所…、それは劇場！」と描いているが、そのイメージは穴底から見上げた夜空に浮かぶ月のイメージのような宇宙である。

　寺山と天野氏の時代背景や政治状況の違いも考えておかなければならない。だから、天野氏が言うように「寺山の芝居を再演するときは、一度寺山の映画やドラマをディコンストラクトして再構築してかからねばならない」のかもしれない。確かに寺山は「同じ芝居でもいつも同じように上演してはならない」と考えていた。いっぽう天野氏は自分の芝居を「役者が完璧に出来るまで繰り返し練習してそのときは不可能な台詞回しや場面展開も何時か可能にしていかなければならない」と述べたことがある。天野氏の話を聞いていると、ちょうど走り高跳びで新しい記録が生まれた直後に、忽ちまた新たな記録に挑戦するアスリートの意気込みを思わせた。

　2008年に、名古屋の千種小劇場で高田恵篤演出による『奴婢訓』の再演があった。筆者は公開ワークショップと上演とを繰り返し見た。『奴婢訓』が日に日に変貌していくのを目の当たりにした。出演者の後藤好子さんは、『奴婢訓』の千秋楽の後に「もっと『奴婢訓』を上演したかった」と述べた。歌舞伎は数ヶ月に渡り繰り返し上演していくうちに格段によくなる場合がある。案外、寺山と天野氏の芝居は繰り返し見ていると芝居がよくなるばかりでな

く、芝居の内容が細部にわたって明らかになる。その秘密は歌舞伎の台詞の難解さや場面転換の不可解さや意外性などと幾分似ているところにある。

　寺山の『恐山』あるいは『まんだら』と天野氏の『トワイライツ』がよく似ているのは死の瞬間をドラマとして描こうとしたことである。死の瞬間はこの世とあの世の狭間にあり、臨終の人が見る走馬灯のようなものかもしれない。また寺山が『誰か故郷を想はざる』で描いているように、胎児もあの世とこの世の狭間を体験するのであろう。

　自分がまだ生まれる前に通った道ならば、ここをどこまでも辿ってゆけば、自分の生まれた日にゆきあたるのではないか、という恐怖と、えも言われぬ恐怖と期待が沸いてくる。それは「かつて存在していた自分」といま存在している自分とが、出会いの場をもとめて漂泊らう心に似ているのである。(13)

　あの世とこの世のいずれもその狭間にある薄明を伝えることは出来ない。恐らくその瞬間は、エリアーデが言う、夢や性的オルガニスムや、レヴィ・ストロースやコリン・ウィルソンが暗示する、プルーストのお茶に浸したマドレーヌに触れた舌の記憶が、死と生の狭間に眠っている記憶を、間欠泉のように噴出す瞬間であろう。寺山の『恐山』、あるいは『まんだら』では、チサは瞬時に前世を垣間見るのであり、天野氏の『トワイライツ』では、トウヤ少年が瞬時に前世を垣間見る。しかも生が死ぬとき、同時に死も一緒に死んでしまうのである。

注
1）『寺山修司の戯曲』第六巻（思潮社、1986）、258-283頁参照。
2）『寺山修司の戯曲』第二巻（思潮社、1983）、201頁．以下、同書からの引用は頁数のみを記す。
3）寺山修司『誰か故郷を想はざる』（角川文庫、2005）、75頁。
4）Williams, Tennessee, *A Streetcar Named Desire* (Penguin Plays, 1986), P.177. pp.205-6. ［参考］寺山修司作『レミング』(1979) でも、葬式の花売りの場面

がある。「エキストラ　花、花、お葬式の花はいかが。」(『寺山修司戯曲集3 ——幻想劇篇』劇書房、1995)、pp.56-7. 従って、寺山の『青ひげ公の城』と『レミング』は、テネシー・ウイリアムズの『欲望という名の電車』と関連がある作品であると考えられる。

5)『寺山修司対談集　密室から市街へ』(フィルムアート社、1967)、67頁。

6) Eliade, Mircea, *Myths, Dreams, and Mysteries* (Harper Torchbooks, 1960)、182頁。

7) 吉本隆明「吉本隆明〔寺山修司〕を語る－没後十年記念講演」(『雷帝』1993)、148頁。

参考文献
寺山修司『叙事詩まんだら』(放送脚本論Ⅱ参考資料)　担当　横山隆治《放送日 1967年11月23日(木)午後10時00分〜11時00分 NHK・FM 放送昭和四二年度芸術祭受賞作品－ラジオ部門ドラマ》

7 寺山修司の『狂人教育』草稿

清水　義和

1　まえおき　『狂人教育』草稿は何時書かれたか。

　人形劇『狂人教育』には草稿と二種類の完成台本が現存する。完成台本の一つは1962年12月号の『新劇』に掲載され、もう一つは1965年思潮社から刊行された戯曲集『血は立ったまま眠っている』に収められた。先ず二種類の完成台本は『狂人教育』が1962年2月に上演された後に修正して出版された。恐らく草稿が稽古で手直しされ、寺山が台本を校正したものと思われる。

　では青森県近代文学館が所蔵する草稿はいったい何時書かれたのか。先ず『狂人教育』公演前の1961年12月には『白夜』の上演があった。時間を計算すると寺山は三ヶ月足らずで『狂人教育』の草稿を書きあげたことになる。だが、寺山がひとみ座の人形劇『マクベス』を1962年1月に見て感銘をうけ台本を書いたとすれば僅か一ヶ月で草稿を書きあげた事になる。

　実は寺山が僅かの時間で草稿を書いた真偽を解いてくれるのは谷川俊太郎である。「わたくし性の否認」の中で、谷川はラジオドラマを書くとき「寺山の早さはすごかった」と証言している。寺山は短かい人生を人の何倍も速く駆け抜けた。

2　寺山修司のマクベスに対する嗜好性

　寺山修司は、1935年12月10日青森県弘前市紺屋町で生まれた。父・八郎は東奥義塾英文科出身の警察官で、ハツと結婚し修司が誕生した。家族は父の転勤で青森県各地を転々とした。やがて、八郎は招集で南方のセレベス島へ赴き戦病死した。ハツは生計のため三沢米軍基地で働き、寺山少年は母が持

ち帰る新聞雑誌を読んでアメリカ文化に触れた。やがて、母は九州まで出稼ぎに出かけ永く帰らず寺山は孤児同然で過ごした。寺山は父の文才を受け継いだせいか啄木に惹かれ1949年野脇中学校新聞に童話「大空の彼方」を発表し『東奥日報』に詩を投稿して入選した。青森高校では寺山はクラスメートで俳人の京武久美に感化された。寺山は、中村草田男、橋本多佳子、山口誓子の影響を受け、全国詩誌『魚類の薔薇』を編集発行した。また、寺山は俳句雑誌『牧羊神』を創刊して『pan宣言（一）』（『牧羊神』NO・2）で次のように書いた。

　これも旧聞に属するが、シェークスピアの「マクベス」をとりあげて中村草田男は『Sleep, no, more』というあの緊迫した一語が作品「マクベス」で言わんとするテーマの一つなのだと万緑誌上に書いたことがある。

　寺山は草田男の歌に傾倒しニーチェの超人思想に共鳴した。特筆すべきは寺山が『マクベス』に示した愛着である。寺山は"Sleep, no, more"を独創的に読み解き、後年『盲人書簡』で「よく見るために、もっと闇を！」と書き綴った。ここに寺山がマクベスの心の闇から受けた鋭い痕跡を辿る事が出来る。更に注目すべきは、寺山が実際にシェイクスピアの原文を読んでいたかもしれないのである。後に寺山は『花札伝綺』（1967）に「きれいはきたな、きたなはきれい」を『マクベス』から引用する。これは魔女が言う"Fair is foul, and foul is fair"である。

3　歌の別れは寺山のカレイドスコープ世界の始まり

　寺山は上京後早稲田大学在学中の1954年『チェホフ祭』と題して五十首作り第二回『短歌研究』の特選を受賞した。その後寺山は短歌の剽窃問題に巻きこまれた。寺山は雑誌「青年俳句」（1956年〈昭和31年12月〉）の「カルネ俳句絶縁宣言」で「俳句を作るのをやめた」と表明した。だが寺山は「鳥は

生まれようとして」(『短歌研究』1958年〈昭和33年10月号〉)でヘッセの『デミアン』から「生まれようとするものは一つの世界を破壊せねばならぬ」を引用して短歌の様式を卵の殻に譬え「短歌を捨てねばならぬときが当然やってくる」と複雑な心境を露にした。

　寺山は『短歌研究』特選の応募で編集者兼選者であった中井英夫の忠告により、タイトルを『父還せ』から『チェーホフ祭』に変えた。中井の助言はあったが寺山はチェーホフに惹かれていた。寺山は青森高校の先輩太宰治がチェーホフの『桜の園』が好きで『冬の花火』を知っていた。いっぽう寺山もチェーホフの『かもめ』に関心があり劇中作家のトレープレフが挫折する状況と自分がおかれた屈折した状況を重ね自作の『忘れた領分』(1955)で詩人としての自身を客観的に見ようとしたのではないだろうか。『かもめ』の幕切れでニーナが「私はかもめ」と言いその後トレープレフがピストル自殺する。このテーマは寺山の『忘れた領分』にも姿を現わす。先に述べたように寺山は草田男の影響で超人思想に傾倒していた。寺山が『かもめ』に新しい地平を見たのは幕開きにある劇中劇でトレープレフは「二十万年後を夢に見せてくれ」と言う考え方にあったかもしれない。これは医者チェーホフの眼であったが寺山には大いに刺激となったに違いない。

　寺山は『短歌研究』の特選受賞後、剽窃事件があった翌年の1955年詩劇『忘れた領分』を創作した。劇中青年はピストル自殺して鳥になると主張する。これはトレープレフがニーナを象徴するかもめを殺したため自責の念にかられピストル自殺した場面を思わせる。『かもめ』はリアリズム劇と劇に組み込まれたサンボリズム的な寸劇とで出来ていて、チェーホフは劇中劇を未来の観客に向かい象徴主義を訴えた。寺山は『かもめ』に描かれたエンブレム「未来の観客」に超人思想を認め、自作でニーチェの思想を再構築したのかもしれない。

　ところで、シェイクスピアは韻文と散文で新しい劇を作り、イプセンも初期は韻文で劇作したが後期に散文で記述した。寺山の新機軸は俳句や短歌の定型や、印刷の活字に飽き足らず、音声や映像化した言葉に関心が拡がり時

空を超えた演劇や映画に可能性を求めた。

　年譜を見ると寺山は1954年『チェホフ祭』発表の翌年『忘れた領分』を劇作したが、その間ネフローゼで絶対安静を強いられ、自作の上演に立ち会えなかった。『忘れた領分』を観た谷川俊太郎は「「わたくし性」の否認」の中で『忘れた領分』に感動し入院中の寺山を見舞いに行き交際が始まったと記している。谷川は何よりも寺山を「詩人と呼ぶのが一番ふさわしい男だったと思う」と書き記している。

　寺山は病の最中1957年第一作品集『われに五月を』（作品社）を1958年には『空には本』（的場書房）を上梓した。その後寺山は谷川の薦めでラジオドラマを創作し、1959年『中村一郎』（RKB毎日）で民放祭大賞を受賞した。主人公の中村一郎は、飛び降り自殺を図るが鳥のように空を飛ぶファンタジーとなった。寺山は空と鳥が好きで作品には上昇志向が見られる。1960年に寺山は浅利慶太主宰の劇団四季で『血は立ったまま眠っている』を作劇した。次いで、同年、寺山は映画監督篠田正浩の『乾いた湖』の脚本を担当し映画にも進出した。更に、1961年12月には文学座アトリエ公演で『白夜』を上演した。しかも翌年の1962年歌集『血と麦』（白玉書房）を公刊した。この間、同年2月人形劇団ひとみ座に『狂人教育』を書くに至ったのである。

4　『忘れた領分』と『狂人教育』の鳥と蝶が意味するもの

　詩劇『忘れた領分』（1955）と人形劇『狂人教育』（1962）では、劇中共通して鳥と蝶々が象徴的な役割を果たしている。寺山はチェーホフの『かもめ』と同様に、鳥に関心があり、1959年寺山は、堂本正樹、島岡晨、河野典生らと集団「鳥」を組織した。詩劇グループ鳥は1959年3月草月アートセンターホールで、寺山が詩劇『原型細胞』を劇作し、少年と海の女との恋を綴った。後年、1966年、寺山はテレビドラマ『わが心のかもめ』を脚色して、ヒロインの千江が自殺する場面をダミアンの詩の一節「海で死んだ人は、みんなカモメになるのです」を例に引いて放映した。

寺山が青森高校時代から『マクベス』に関心があったことは先に触れた。『マクベス』の中で、マクダフ夫人と息子はマクベスが放った刺客に暗殺される。その直前に、マクダフ夫人の息子は「小鳥のように生きていくよ、母さん」と吐露する。もし仮に、マクダフ夫人の息子が語る鳥の喩話を、『忘れた領分』の鳥や『狂人教育』の蝶を比べると、鳥と蝶は、いわばこの世とあの世を繋ぐ架け橋を象徴しているようだ。『忘れた領分』の中で、青年は次のように訴える。

> **青年** さあ、僕の死後、僕が鳥にならないと言えるやつがいるか。見えないものが見えるものに勝つのは、死のすぐ前だ。鳥の故郷。そして鳥のおまえ。

また、ハムレットは劇中「雀が一羽落ちるのも天の摂理」、「肝心なのは覚悟だ」と独白する。しかも、ハムレットは目に見えない「雀」を引き合いに出す。また、ハムレットは「死は眠ること、そして夢を見る」と語を継ぐ。いっぽう、寺山は、鳥や蝶が象徴する死の世界を夢の世界に読み替えた。『狂人教育』に出てくるカラスアゲハ蝶は1967年寺山の『毛皮のマリー』にも再び現れ、欣也少年が蝶を部屋に閉じ込め、自分も部屋に封じ込もる。明らかに『毛皮のマリー』は『忘れた領分』や『狂人教育』から発展した作品である。

5　『狂人教育』の草稿と上演台本、リアリズムから詩劇へ

『狂人教育』の草稿は稽古に入ってから、恐らく演出家や人形師たちによって舞台に合わせて次々と変更されたものと思われる。状況は違うが、筆者は2012年9月結城座が上演した天野天街脚色人形劇『ミス・タナカ』の英語訳を担当した。上演前の稽古中に天野の台本はかなり手直しされた。そして本番でも更に台本は変更されていた。このプロセスをみていると、或る意味で

は筆者が英訳した天野の台本は、寺山の『狂人教育』の草稿と似たものだったのではないだろうか。だがもっと驚くべきことは、寺山は上演一年後修正台本に手を入れ『新劇』に発表し、更に三年後その台本を清書して思潮社から出版したことだ。

　つまり、この三種類の『狂人教育』の台本から分かってくることがある。先ず、稽古場の臨場感である。だが、稽古の時、次々と変わる台詞を後で清書する苦労は並大抵の仕事ではない。殊に、寺山は、詩作、ラジオ・テレビ・映画台本を現在進行形で執筆し、同時に過去に遡って台本を推敲し修正し清書したのだから、まさに奇跡的な早業だったに違いなかった。筆者は前進座でプロンプターをした経験があるから台本修正の苦労は痛いほど分かる。おまけに、寺山の数多くのラジオ・テレビドラマの音源は保存されているが『鳥かごになった男』『犬神歩き』『箱』など多くの台本は散逸している。しかし『狂人教育』の台本が三種類現存するのは、恐らく、寺山はこの人形劇が気に入り近い将来再演したい意欲があったからだと思われる。

　寺山が『狂人教育』の台本を三種類残したおかげで、われわれは今日寺山が『狂人教育』の草稿から研磨し推敲して完成台本に仕上げていく行程を辿ることが出来る。ところで、草稿では登場人物の蘭が家族に暗殺されるのを暗示したままで終わる。

　　　　家族たちあっけにとられてみているが　嬉しそうな表情。
　　　　やがて一斉に
　　　　鉛筆をとり出し、
　　　　蘭を見ながら投票用紙に
　　　　名をかきこむ。
　　　　蘭の名である。
　　　　(たゞし、みんな少しずつ、この歌の調子よさにうかれだして
　　　　なかなかうまく字がかけない)
　　　　そのうちに人形使いたちのいる場所からも

コーラスに和す声がしだし
人形使いたちも立ち上がって歌に和しはじめる。
したがって
家族の人形は一つづつ〈たゞの人形〉にすぎなくなり、蘭だけがいきいきと踊り、
コーラスがスタッフ全員によって盛大にうたわれる。

　上記の草稿の結末には、蘭の殺人事件の結末が示されていない。いっぽう、1962年〈昭和37年〉12月号の『新劇』に掲載された完成原稿の上演台本は終幕で家族が一塊の化物に合体して、斧で蘭の首をはねる。完成台本は草稿の散文詩的傾向から上演にふさわしいドラマツルギーに変わり、結末は次のように劇的になった。

　それから一斉に鉛筆をとり出して、蘭を見ながら投票用紙にひとつの名をかきこむ。勿論、蘭の名だ。
　と、突然その名を書きながら、同じ手つき、同じ表情の人形たち、しだいにくっつき、ねじれあって同化して、一つの人形になりはじめる。鷹司もマユも祖父も祖母も、みんな一つの人形に溶け、くっついてグロテスクな人形の変身が行われるのだ。
　やがて、全員の顔と手をそなえた「家族の」人形が、出来上がるやさっきの巨大な斧を手にして舞台一杯に一振りする！
　ちぎれて飛ぶ蘭の首！
　壁に象徴のようにくっつくその首！
　しずかにテーマのMがきこえてくる。
　「家族の」人形、その首を仰ぐ。

　今一度繰り返すが、草稿では蘭の殺害はなく諷喩だけがある。だが完成台本では蘭の殺害がある。たまたま『新劇』版『狂人教育』のこの箇所のト書

きは、思潮社版と同じト書きとなっている。つまり『狂人教育』の第三稿ともなると訂正はディテールに限られたようだ。

ところが、蘭は死んだ筈なのに蘭の声が聞こえてくる。というのは、前記のＭの記号は音楽を表わしており、Ｍは録音だと思われる。つまり、蘭の声がテープレコーダーから聞こえてくるのである。寺山は『狂人教育』の草稿とは異なり、完成台本では、生の声とテープレコーダーの録音に分け、生の声はこの世をテープレコーダーの録音はあの世を表わした。

　　あたしは　あたしの　うたうたう
　　あたしは王様
　　ゴーイング、マイウエイ
　　ゴーイング、マイウエイ
　　ひとりぽっち、マイウエイ

ところで、劇中にある歌詞の中で一か所だけ蘭は自分のことを「あたしは王様」ではなく「はだかの王様」と言い表している。実は、寺山は『狂人教育』公演の二年後劇団四季のこどもミュージカル『はだかの王様』（1964）を作劇した。寺山の『はだかの王様』がユニークなのは、想像力の貧しい子供には王様が身につけている雨の滴の糸で縫いあげた衣装が見えないと著しているところだ。

こうして比較してみると蘭が「あたしは王様」というとき、寺山が型のはまった制服を着たがる想像力の乏しい家族を戯画化していることが分かる。しかも、二年後に寺山は『はだかの王様』を書き、丸裸の王様を見て笑う想像力の乏しい子供が「王様は裸だ」という姿を逆に笑いとばした。だから、「はだかの王様」とは、実は純な赤子の心の蘭自身の姿でもあり、また身体が不自由な蘭は、哀れなはだかの王様の姿でもある。

さて、『狂人教育』の眼に見えない蝶や『はだかの王様』の眼に見えない衣装には、先行作品があった。團伊玖磨の『夕鶴』（1951）は鶴が羽で織っ

た布があり、更に林光の『裸の王様』(1953)は詐欺師が眼に見えない糸で織った服があり、子供は「王様は裸だ」と王様を笑う話になる。ところが、寺山はどんでん返しにして透き通った雨粒の衣装を作った。それらと比較してみると、寺山には詩的な創意工夫が見えてくる。

　先に寺山の『マクベス』評で述べたが寺山は目に見えないものをもっとよく見る事に拘った。後に寺山は自作の『盲人書簡』(1973)を書き下ろした。ディドロが『盲人書簡』で述べているように盲人は闇の世界を計測するもう一つの眼を持っている。盲人のもう一つの眼とはガリレオが望遠鏡を使って暗闇の宇宙を見るのと同じ原理である。ガリレオは夜空をもっとよく見ようとして裸眼以外に、もう一つの眼、望遠鏡を発明したのである。だから、寺山が言う想像力とはもう一つの眼である望遠鏡で、暗闇の宇宙を見ることだといってもよい。というのは、盲人はもう一つの眼である杖を使って闇の世界を歩く。盲人が暗闇の中でものが見えるのは、杖で計測しながら、同時に、想像力－触覚、匂い、味、音、感覚などの五感をフルに働かせて闇の中を歩くからだ。だから寺山の想像力は空想だけではなく、科学技術の精華を集めて作った望遠鏡であったわけである。われわれは、現在宇宙の奥は裸眼で見えないので、ハッブル宇宙望遠鏡を使って、映し撮った映像を、CGを使った合成画像で仮想現実（バーチャル）として見ている。つまり、寺山がもっと見ようと想像力を膨らませて作った王様の服は雨の糸で編んだ布であり『狂人教育』の見えない蝶もアニメのようなCGを使った仮想現実で見ることが可能である。森崎偏陸によると日生劇場映画製作による寺山修司脚本を鑑賞した際『はだかの王様』のアニメメーションで雨の糸を見たという。

　　　白い画面に、線が一本おりてくる。

　さて、寺山は、『狂人教育』上演の前年1961年文学座アトリエ公演に『白夜』を書き下ろした。実は、寺山は、演出の荒川哲生から次のように批判された。

『血は立ったまま眠っている』式のものは、僕にはダメだよと言いました。君の詩がもっと写実劇に生かされているようなものであれば、是非やらせてもらうと言ったものでした。

　その結果、寺山がリアリズムで創作したのが『白夜』であった。だが、寺山はリアリズムで劇化した『白夜』に不満が残った。
　その後、寺山は1964年詩集『田園に死す』（白玉書房）で、母殺しのテーマを書き著し、後年1975年映画『田園に死す』で母殺しを今度は映像化した。むろん、寺山の現実の母は生きていた。この映画の中で「私」は、想像力で母に殺意を懐き続けるが、結局母を殺害出来ないで終わる。寺山がリアリズムでなく想像力によって時空を超えたバーチャル（仮想現実）に近づこうとした意欲がこの映像から読み取る事が出来る。
　こうした変遷を辿っていくと、『狂人教育』の草稿から完成台本へと変わっていく中で、寺山は『狂人教育』を推敲しながら、リアリズム演劇からメルヘン風な詩劇に変わろうとしていた。寺山の元夫人・九條今日子さんが、常々語ったことがある。

　　寺山は、劇を毎回上演する度毎に台詞を書き変えました。

6　ロルカの詩劇『血の婚礼』が寺山の人形劇『狂人教育』に影響を与えたもの

　寺山が、『狂人教育』の冒頭にガルシア・ロルカの詩を掲げた理由は、寺山がこの人形劇『狂人教育』を詩劇として考案していたことが分かってくる。
　ロルカの『血の婚礼』は詩の挿入が多いが、寺山の『狂人教育』に挿入された詩も、写実を避けてメルヘンの世界に誘うように見える。

　　あなたの夢の番をするため

7 寺山修司の『狂人教育』草稿

　私は裸で眠るんだわ、森の様子を
　うかがいながら
　牝犬ででもあるかのように

　寺山は1974年『牧神』(マイナス二号) に書いたエッセイ「黙示録のスペイン－ガルシア・ロルカの死学」の中で小海永二訳の『血の婚礼』第三幕第二場から「燈心草のざわめきと、囁く歌の中」を引用しながらこの詩劇の中で死んだ花婿は生きていると見極めた。更に、寺山は花嫁を奪ったレオナルドを死に神と解釈しその死に神が花婿の命を奪ったと考えた。そして寺山は次のように纏める。

　この世には生と死があるのではなく、死ともう一つの死があるということを考えない訳にはいかなかった。死は、もしかしたら、一切の言語化に潜んでいるのかもしれないのだと私は思った。なぜなら、口に出して語られない限り、「そのものは、死んでいない」ことになるのだからである。

　上記のエッセイで寺山が『血の婚礼』について意味深長な解説をしている。なぜなら登場人物を生の役者としてみるかぎり寺山の解釈は解読できないからだ。だが、登場人物を生の人間でなく死んだ人形に置き換えると分かり易くなる。つまり、死んでいる筈の人形は人形師が台詞を付けて動かすと物にすぎない人形が生きているように見えてくる。もしかしたら、寺山は生と死の『血の婚礼』を死と死の人形劇にすればロルカの死に対する考えが鮮明になると考え、人形劇『狂人教育』を創作したのではないだろうか。

　『狂人教育』は人形劇でリアリズムではない。寺山は荒川哲生に「リアリズム劇を勉強しなさい」という忠告に従い『白夜』を著した。だが、結局「リアリズム劇」に不満が残ってしまった。しかし遂に寺山はリアリズムの殻を破って人形劇『狂人教育』を劇化したのである。しかし『狂人教

育』で人形を操っている人形操り師はリアリズムを表わしている。しかも『狂人教育』には人形と人形師が同時に舞台に登場する。

　ともあれ寺山は思潮社版のあとがきで『狂人教育』を俳優ではなく「人形で上演してもらいたい」と断わっている。ここにこそ、寺山の人形劇『狂人教育』の創作意図を読みとることが出来る。もし寺山が生きていたら、恐らく流山児事務所の『狂人教育』ではなく、ひとみ座か結城座の人形劇団が『狂人教育』上演するのを願ったと思われる。

　寺山が人形劇団ひとみ座と関わった理由の一つは、先ず谷岡俊太郎の尽力のおかげである。寺山は谷岡俊太郎と岩田宏の三人で組んで、岩田宏が『脳味噌』、谷岡が『モマン・グランギニョレスク』、寺山が『狂人教育』を創作した。先に触れたが寺山は『狂人教育』を書くに至った主なる理由は、ひとみ座が上演した『マクベス』（1962年1月13日）の巨大な目を観て「劇団に人形の家第6回公演パンフレット」で次のように論評している。

見た目はまったく等身大のように見えながら、その内部の空間がまったく等身大を倒錯しているところが清水浩二の人形劇をはじめて見たときからの驚きだった

　舞台にはシュールな"巨大な目"が象徴的にマクベス夫妻を見降ろす工夫をしてあった。疑いなくこの短い評から寺山が執筆当時の自身の動機を窺がうことが十分できる。寺山は高校生の頃『牧神』二号で"Sleep, no, more"を強調したことを思い出していたのではないか。"Sleep, no, more"とは眼を瞑ってはいけないのである。

　寺山は後年『狂人教育』の続編『邪宗門』（1971）や『中国の不思議な役人』（1977）を書き上げ劇中人形と人形操り師としての黒子の間に生ずる煩悶や人間即人形の葛藤をドラマ化してみせた。

　レーモン・ルーセルが『アフリカの印象』を1912年アントワーヌ座で上演

した時、万座の失笑をかった。だが、前衛芸術家のマルセル・デュシャンはルーセルの劇に新機軸を見て激賞した。後年、寺山はルーセルやデュシャンの前衛芸術に影響を受けて創作したドラマ『奴婢訓』(1978)で人間ハンガーの機械を現わして上演した。

また寺山はハンス・ベルメールや四谷シモンの人形やゴードン・クレイグの「俳優と超人形」やカレル・チャペックの『ロボット』にも関心があった。

7 『マクベス』の鳥と『狂人教育』の蝶は繋がっている

寺山は、人形劇『狂人教育』(1962)を上演してから四年後、『人魚姫』(1966)(人形劇団人形の家)を劇作した。デザインは宇野亜喜良、人形師は辻村寿三郎であった。同年、寺山はNHK総合テレビドラマ『わが心のかもめ』を書き下ろした。劇中、加藤剛扮する潔が吉永小百合が扮する千江に、自分の気持ちを人形に託して語らせている。寺山は、リアリズムでは伝えられない人間の心理を人形に託して若い男女の心を互いに交わそうとした。これは、『マクベス』でマクダフ夫人とその息子が不条理な死が耐えられなくて鳥に託して自らの心情を吐露する場面と相似形を成している。しかしながら、シェイクスピアの鳥は自然界の鳥であるが、少なくとも寺山の鳥は死んだ無機質な機械人形である。

この当時、寺山は生のリアリズム演劇ではなく人形劇や映画に関心が移っていく時期であった。殊に、寺山はドラマ『さらば映画よ』(1968)の舞台上で、生の俳優が光媒体になりリアルな肉体とは違う要素を求めた。例えば、舞台で生の俳優は殺害できない。だが、人形や光媒体となった映像は生の俳優以上に、血生臭い場面を表現することが出来る。流山児事務所は、生の俳優を使って『狂人教育』を上演したので、俳優たちは必ずしも人形が持つ時空を超えたドラマを構築出来たわけではない。

寺山は、『狂人教育』で、生身の猫さえ、紙の切り絵にして描き、鋏で切り刻んだり、紙の猫にミルクを与えたりした。この傾向は、後年寺山が書い

た『中国の不思議な役人』にも再び見られた。こうして、寺山は生の人間から人形を経て機械へと関心が移り『奴婢訓』ではメカニックな舞台を作りあげた。

　さて、『狂人教育』冒頭のロルカの詩は『血の婚礼』第三幕第一場からの引用である。花嫁は既婚者のレオナルドに言う。

　　裏切りが血の婚礼へと向かっていく

『狂人教育』には、レオナルドは登場しないが、レオナルドに相当するドクトルが象徴的に毒（＝ドク）となって親子の間で血生臭い粛清を行う。ここには、『血の婚礼』の影響が見られる。

　いっぽう、『血の婚礼』の第三幕第一場では、月を擬人化した登場人物の一人が現れる。月は白い顔をした若い樵の姿をしている。『狂人教育』の幕開きでは、紙で出来た月を黒子がマッチで点火する。

　寺山は、当時不治の病であったネフローゼに悩まされ死と直面していた。もしかしたら、寺山は『血の婚礼』のレオナルドに死霊を見て、『狂人教育』のドクトルが家族にもたらす死のイメージを考えついたのかもしれない。殊に、寺山は死が差し迫った状況を最初から死んだ人形を通してあくまで死を客観的に劇化しようとした。

　前にも触れたが、寺山は『血の婚礼』の日本語訳ばかりか、英・独・仏訳などを参照して、『血の婚礼』を読んでいたのではないだろうか。実際寺山と谷川はトーマス・マッカラムの『マザーグース』の翻訳で議論した。また、当時文学座の演出家であった荒川哲生はアメリカに留学しワシントン大学で教鞭をとり、ジョン・オズボーンの『怒りを込めて振り返れ』、ウジェーヌ・イヨネスコの『犀』、エドワード・オールビーの『動物園物語』を翻訳、演出して寺山と演劇論を戦わせた。寺山が荒川と議論する為には原文を読んでおく必要があった。

　寺山はネルソン・オルグレン選集（新書館）の『朝は来ない』などの翻訳

を試み雑誌『映画芸術』（1974年8月〜9月）に広告を掲載した。晩年寺山はトマス・ピンチョンの『V.』に惹かれ『競売ナンバー49』を試訳した。寺山がピンチョン『V.』の影響を受けて書いた『壁抜け男ーレミング』が遺作となった。だが、寺山は死の直前迄何故翻訳に駆り立てられたのか。恐らく寺山は荒川との論戦に負けたくなかったからではないか。すると、もしかしたら『狂人教育』も寺山がロルカの『血の婚礼』を原文にあたり読解から生まれたのではないか。

『狂人教育』の音楽は山本直純が担当した。ほかにも、山本は寺山の劇作品を『狂人教育』から『いつも裏口で歌った』『他もう呼ぶな、海よ』『夕陽に赤い俺の顔』人形劇映画『こがね丸』『わが心のかもめ』『田園わが愛』など数多くの音楽を担当した。

『狂人教育』の登場人物の父はベルリオーズの『幻想交響曲』が好きだ。この曲では主人公が断頭台の露となって消える。つまり、音楽が『狂人教育』の結末の死を暗示している。

ここで再びドラマに戻ると『狂人教育』の家族には父はいるが母がいない。また寺山の他の映画作品『書を捨てよ、町へ出よう』の疑似家族にも母がいない。『身毒丸』（1978）には継母がいるが実母はいない。その理由は恐らく寺山が少年時代不在だった母を劇や映画の中で抹殺したからであろうか。それとも、寺山は、母の不在によってむしろ反対に母の存在が増すという逆説を知っていたのかもしれない。

『狂人教育』の中で父の前に現われる兄の亡霊はハムレットの父王の幽霊を思い浮べてしまう。しかし『狂人教育』冒頭のロルカの詩は『血の婚礼』からの引用であり『血の婚礼』に出てくる乞食（＝死）は死霊でもあるわけだから、むしろこの乞食（＝死）の方が『狂人教育』に出てくる父の兄の亡霊に似ている。

或いは『血の婚礼』には樵が三人出てくる。樵は斧を持っている。もしかしたら、斧をもった樵は蘭の家族が一体となって蘭の首を斧ではねた化物の原型かもしれない。

実は、シェイクスピアの『マクベス』の最後はマクベスの首がマルカムに届けられたところで終わる。そもそも、マクベスは魔女の「良いは悪いで悪いは良い」の呪文の毒を浴びて気が狂う。『狂人教育』では蘭の首が飛ぶ。魔女に相当するのはドクトルであるが改稿ではドクになり毒を象徴していた。

　マクベスは魔女の呪文に惑わされダンカン、バンクォー、マクダフ夫人と子供を次々に殺す。ところが、『狂人教育』ではマクベス夫婦のようにではなく家族全員がドクトルに催眠術をかけられる。しかも、殺されるのは蘭独りである。もし、家族が皆狂気のウイルスに感染しているなら全員が撲殺されねばならない。ところが可笑しなことに一人殺せば家族は皆救われるというパラドックスに誰も気がつかない。この矛盾は家族全員気が狂っている証拠である。言い換えれば、この矛盾が引き起こす悲劇は一種の魔女狩りであり集団妄想でもある。その結果、蘭はスケープゴートにされ、家族はお祭り騒ぎで一過性の狂気により蘭を生贄にするのである。少なくとも、寺山にはこの愚劣さを笑い飛ばすユーモアがあった。寺山は蘭と同様に「はだかの王様」をスケープゴートにした、世間の集団妄想を逆さまにして笑った。

8　おわりに　様式美を破る寺山の人形劇

　草稿『狂人教育』は蘭の死を暗示して終わる。いっぽう、二つの完成台本『狂人教育』では蘭の首を家族が一体となった化け物が斧で切って終わる。人形劇としては暗示と事件とではどちらがよいのだろうか。

　先に述べたように、寺山はロルカの『血の婚礼』を「この世には生と死があるのではなく死ともう一つの死がある」と解釈した。寺山は人形劇『狂人教育』の完成台本で死んだ人形を使って殺人事件を引き起こした。むろん死んだ人形は二度死なない。不死だからだ。何も事件は起こらない。だが恐怖と滑稽が残り極限状態にあるドラマが生まれた。実は何も起こらない恐怖は既に草稿の『狂人教育』にもあった。草稿では事件は何も起こらない。結局リアルな殺人事件よりも夢の中の不明瞭で底なしの曖昧な暗示の方が何かが

起こるという恐怖を引き起こすのである。

　寺山は死んだ物にも（＝不死）にも命が眠っていると考えた。寺山はミルチャ・エリアーデの「エクスタシー」に注目し、ドラマは「エクスタシー」が間欠泉のように恐怖を突如噴き出して突如生まれると考えた。

　実は、恐怖が生じるドラマは既に草稿の『狂人教育』にも仕掛けられていた。しかし、草稿では死んだ人形が人形の死を仕掛けたまま終わってしまう。だから恐怖も「エクスタシー」も不発に終わる。

　それにまた寺山は一生眼に見えない鳥の恐怖を描き続けた。寺山は『邪宗門』の結末で「どんな鳥だって、想像力より高く飛べない」と云う。『狂人教育』の蝶も姿が見えない。けれども想像力が引き起こす恐怖によって不安を感知することはできる。人形の蘭の首が蝶のように飛ぶ完成台本では寺山が考える想像力と恐怖が「エクスタシー」となって心の間欠が生まれる。

　古典芸能では人形浄瑠璃が歌舞伎となり型や約束事ができて様式美が生まれた。だから寺山の人形劇から役者が演じる芝居が出来ても不思議ではない。だが『狂人教育』は生の役者が人形の死を演じると滑稽な不自然さが残る。

　というのは、寺山は「生と死」ではなく「死と死」によって不死（＝心の間欠）を生む異質なドラマを造ったからだ。

　たとえば、機械人形と同じ仕組みでできた映画『田園に死す』も死んだ無機質な機械のスクリーンでできている。

　つまり、機械仕掛けのスクリーンの死の世界に人間の代理人である光媒体が移り住むと、映画は「死と死」で不死となり、映画の中で永遠の命が生まれる。

　映像作家の安藤紘平は『アインシュタインは黄昏の向こうからやってくる』（1994）を寺山から無意識に影響を受けて映像化したと述懐し、『田園に死す』はアインシュタインの『相対性理論』で制作されたと指摘して、主人公はアインシュタインが予測したタイムマシーンに乗り、時空を超えて過去に遡り母殺しを繰り返し、ぐるぐる回って永劫回帰となると言明する。

　しかしいったん映画の中に入り人間の代理人となった映画の住民は二度と

この世に戻ることができないとも披瀝する。

　だから寺山の人形劇『狂人教育』は人形浄瑠璃から歌舞伎に戻る遡及性がない。

　草稿の『狂人教育』は蘭の殺害を暗示したまま終わるので写実劇『白夜』の残像がみられる。

　だが完成台本の『狂人教育』では殺害が不可能な人形を殺した結果心の間歇が蘇り死を超越した命が生まれたのである。

　これまで『狂人教育』上演してきた池の下や劇団☆A・P・B-Tokyoや流山児事務所は生の俳優が人形の代役で死を演じた。

　仮初にも生の俳優が『狂人教育』を上演するのであれば、むしろ写実味が残る草稿の方が相応しいだろう。流山児事務所の『狂人教育』チラシには草稿の最初の頁が掲載されている。

　ひとみ座の人形劇公演以後、池の下や劇団☆A・P・B-Tokyoや流山児事務所による『狂人教育』公演があり、人形の代わりに生の俳優が仮死状態を演じた。しかし元々、完成台本の『狂人教育』は生の役者でなく寺山が新機軸を求めて造った機械人形が心の間欠によって永遠の命を演じるのだから、ひとみ座や結城座がそのような人形劇を上演することが望まれるのである。

8 馬場駿吉の身体論と寺山修司の『花札伝綺』と天野天街の『真夜中の弥次さん喜多さん』

清水　義和・清水　杏奴

1　まえおき

　馬場駿吉氏は身体論『加納光於とともに』で加納氏のアートのミクロとマクロの世界を提示している。

　ハムレットは、「あの世に旅立って帰ってきた人が誰もいない」と言っている。つまり、その場所とは"未知の国"[1]である。従って、"未知の国"とは死者の国でもある。ところで、寺山修司の『花札伝綺』では葬儀屋の団十郎が死の国への案内人である。やがて、劇の終わりでは皆死んでしまい、この世には誰もいなくなる。ということは、あの世とは、鏡の反射のように、空洞で中身がないから、この世に誰もいなくなれば、あの世とこの世は、全く同じ空洞になってしまう。つまり、寺山にとっては、この世はあの世と殆ど同じであるらしく、歌留多は「生まれた日に死んだのです」[2]という。けれども、無頼漢の鬼太郎だけは、唯一の例外であるらしく、あの世はこの世と異なり、何の規則も無いので、あの世でも自由自在に窃盗を働く。さて、マルセル・デュシャンは墓碑銘に「されど、死ぬのはいつも他人」と記した。ところが、寺山は、デュシャンを捩り、だから「人は皆死んで生まれ」、しかも、もうひと捻りして「その死んだ人は前世の死者の代理人である」と言っている。そうすると、寺山の芝居や映画のように、「この世にもあの世にも死人ばかりがいる」ことになってしまう。

　この寺山の考え方に少し似た映画がある。それは天野天街氏が制作した

『トワイライツ』で、トウヤ少年は死んだ直後この世に戻ろうとする。また、天野氏の劇『真夜中の弥次さん喜多さん』は『トワイライツ』と逆に、死んであの世に旅立とうとする話である。しかし、天野氏の新機軸は『真夜中の弥次さん喜多さん』（以下、『真夜中』と記す）で、この世とあの世を往来する方法を一種のトリックを使って表わしている。それはキタが死んだ後、ヤジがすねて「フンダ」[3]と言うと、「フリダシに戻る」。つまり、キタが一度黄泉の国へ行って、そこからこの世に再び戻ってくるのである。しかもヤジが「フリダシ」に戻ったと気がつくと、雨が「降り出し」総てが停滞してしまう。

　つまり、ヤジが「フンダ」と言って足で畳を「踏む」と、同時に「フンダ」が「くそったれ！（Goddamn）」に転換する。或いは「フンダ」は「トラの尾を踏む」「ふんだりけったり」「ふんだ＝ふみた（札）」等を連想させる言葉であるが、殊に「フンダ」（＝Goddamn）は、神を冒涜する言葉であり、ヤジが神を罵るとキタは天界から地界に戻される。そのように解釈すると、キタが嫌なこの世を去ろうと自殺したが、ヤジが「フンダ」と言った為に、天界から追放され、願いを遂げられず地界に戻ってきたと解釈できなくもない。

　意味のない「フンダ」をヤジが、「フンダ（＝くそったれ！）」と罵って、床を「踏む」と、「ふりだしに戻り」、「やり直し」となる。更に「フンダ」が掛け言葉の連鎖反応を起こし、「ふりだし」に戻り、雨が「降り出す」の掛け言葉になっている。つまり、雨が降ると旅行はご破算になって、ヤジとキタは宿に止まり、旅は「やり直し」となる。

　天野氏は、やり直しを、あの世へ行く事のやり直しで使った。つまり、天野氏はあの世とこの世の往復をドラマ化して、ハムレットが「あの世に旅立って帰ってきた人が誰もいない」と言ったのを、引っ繰り返したことになる。ところで、天野氏が劇の中で何度も「振り出しに戻る」のは、「人間は誰しも死への恐れがあるからだ」と答えている。

　ところで、"未知の国"（＝死者の国）とは、実はこの世（地球）であると

考えたのは寺山である。寺山は『青ひげ公の城』で少女が「月よりも、もっと遠い場所…、それは、劇場！」4)と述べている。ポアンカレ予想では、地球が丸いように、宇宙も丸いという。そうだとすると、この世の果ての涯は巡り巡って地球に戻ることになる。これは実は天野氏の『真夜中』で「振り出しに戻る」という考え方と同じ事になる。つまり、天野氏はあの世とこの世が行き来可能だと考えた。殊に天野氏はハムレットが「未知の国からどんな旅人も帰ってきたことのない」と語った台詞を引っ繰り返してしまった。しかも、天野氏はそのトリックを夢という媒体を使って可能にしたのである。

　また、夢をしばしば媒体にしたのも、寺山である。例えば寺山は『阿呆舟』で眠り男が影男を殺し自分自身の眠りを殺して狂死する。この眠り男と影男が同一人物という関係は、更に天野氏のヤジとキタが同一人物である関係の雛型になっている。しかも寺山と天野氏が描く夢は、ブニュエルの『アンダルシアの犬』で同じ男が二人映画に出てくるシーンの影響である。寺山は『田園に死す』でも少年時代の私と大人の私を表わしている。天野氏は2009年東京・スズナリ劇場で『田園に死す』を演出し2012年に同劇場で再演した。本稿は寺山と天野氏がドラマに描いた"未知の国"とは一体どこにあるかを検証する。

2　『花札伝綺』

　この『花札伝綺』に出てくる葬儀屋一家の記録は、「死の家の記録」と題されているが、ドストエフスキーの同名の小説からそのコンセプトをとったものである。殊に、冒頭から、棺桶が出てくるのは『死の家の記録』からの影響と思われる。

　さて、葬儀屋の団十郎はとっくに死んでいる。ところが、娘の歌留多だけが生きている。しかし死者と生者とが普通の親子関係にあるのは、夢かシャーマンの世界以外では不可能であろう。しかも、この芝居は死者と生者の戦いで始まる。芝居の冒頭で、鬼太郎は生きている。「見たか？今のが墓

場の鬼太郎だ」(89)で始まって、驚いたことに、この同じ台詞で芝居は終わる。(122)すると、リアルな世界はあの世にもこの世にもないことになってしまう。従って劇全体の整合性から考えると、先ずこの芝居は夢の劇であるという事になる。

しかし、ドストエフスキー風に始まった芝居だが、唐突に団十郎が二枚舌で「きれいはきたな、きたなはきれいは沙婆だ」(91)と言う。この台詞は『マクベス』の魔女が二枚舌言う台詞と同じであるが(922)、寺山の芝居は異界ではなくこの世の出来事として展開する。

更に葬儀屋の団十郎は「二度死ぬのはジェームス・ボンド位のものです」(91)という。この台詞は、人は、一度死んだら二度と生まれる事が出来ない事を強調しているようだ。ところが、反対に、天野氏の『真夜中』では、ヤジとキタは舞台で一度ではなく、何度も死んで蘇る。

或いは団十郎は宮沢賢治の詩「雨にも負けず」(91)を裏返しにする。寺山は賢治の世界に批判的で絶えずその意味を引っ繰り返している。『奴婢訓』でも、寺山は賢治を覆している。

次いで、団十郎は「殺人を手仕事にする」(93)というが、近代戦争の大量殺戮を批判しておきながら、明らかに殺人を正当化しようとしている事に変わりはない。

ドストエフスキーは銃殺刑を免れた後に執筆した『死の家の記録』の中で、流刑地での暴行を詳細に書き記した。寺山も、殺害は手間暇かけて実行すべきだと加害者団十郎の立場から残忍な殺戮を書いている。だが、実は加害者の殺戮を通してその残忍さを批判しているのである。

また、寺山は死者が生者と同様に生きる事が出来るという考え方があった。団十郎は、死人は「夫婦生活」が出来る(94)と奇妙なことを言っている。だが、例えば『死の家の記録』は時間軸を考えると、既に死んだ人達が彼らの生前の記録を表わしたものである。けれども、その叙述中では死んだ人がかつて生きていた時の生活を表している。だから、寺山が考えたように、時間軸を無視してしまえば、死者と生者が夫婦生活するのに支障はないこと

になる。安藤紘平氏の映画『アインシュタインは黄昏の向こうからやってくる』では、死んだ父と息子が時間軸を超えて話し合っている。事実、安藤氏は自作を寺山の考え方から無意識に影響を受けて制作した実験映画作品だと述べている。

「少年は死んでいるが、生きている人とそっくり。」(94)

と、おはかは、竹下夢二が絵に描いたような少年が舞台に登場したのを見て驚く。少年は鉄道線路を歩いていて汽車に轢かれて死んだのである。寺山は死んだ少年を舞台では幽霊としてではなく生の姿のまま描くことが出来ると考えた。つまり、寺山は舞台では死者を生者と同じ様に表現でき得ると考えたようだ。その場合タイムマシーンに乗ってタイムスリップしなくても、死者と生者は一緒に生活出来るというのだ。

次に、按摩3人が再び登場して呪文を唱えるが、マクベスの魔女の呪文を想起させる。

「これで呪文が結ばれた」(96)

と、寺山はマクベスの魔女の呪文から引用した。さて、このコラージュをよく見ると、この引用の仕方は、アンディ・ウォーホルが、マリリン・モンローが自殺した直後、当時レディメイドとなっていた映画『ナイアガラ』に出演したモンローのスチル写真をシルクスクリーンで刷った時と同じ技法が見受けられる。

やがて、鬼太郎は、歌留多との結婚式を葬儀屋で行う。(97)これは、ブレヒトの『三文オペラ』で、マッキースがポリーと結婚する場面と極似している。

続いて、盲目の按摩は刑事西遠寺が通り過ぎるという。これは『三文オペラ』でマッキースが警察の捜索を受ける場面と同じである。だが寺山には、

盲目の人は眼明きより物がよく見えるという考え方があった。寺山はディドロの影響を受けた『盲人書簡』を劇化している。

鬼ごっこ（101）

と、鬼太郎は、泥棒と警官の関係を鬼ごっこと言った。だが、また、鬼太郎は、歌留多と夫婦になれば、鬼は歌留多になるという。つまり、夫婦になれば、お互いに愛を盗みあうからだろう。

或いは、少年が「死人が年をとらないっていうのは、あれは迷信なんだよ」（106）という。よく考えてみると、読者が、小説や映画やドラマに没入すると無意識に感情移入し、死者との距離が取れなくなる。やがて読者は死者と一緒に生活をし、一緒に年をとる。また、寺山は、他に、『星の王子さま』や『盲人書簡』で、星の王子さまが年を取った姿や小林少年が年を取った姿をドラマに描いている。

「家がお墓、母がお墓」（106）とは、遠い国であり死の国である。そうすると、死の家はお墓で、母が死者となれば、母はお墓にもなる。ところで、デュシャンは「遺作」でお墓を制作している。実は、フランソワ・グレゴワールは、『死後の世界』の中で、「人間が死後の生活を最初に考え出したのである」と書いている。寺山は死後の世界観をグレゴワールから影響を受けている。[5] 例えば、チンパンジーの母親は子供が死んでも、死の意味が分からず、子供の死体が干物になっても大事に抱擁し続けている。

寺山には子宮回帰のコンセプトがあったが、この寺山のコンセプトは多分にエリアーデの死からの再生というコンセプトから影響されたものである。

やがて、歌留多は、死者の少年に騙されて、夢遊病者になって死ぬ。（107）ラフカディオ・ハーンの怪談『雪女』で、雪女の妖術で茂作は死ぬが、歌留多は少年の呪術で死ぬ。

そして、死者となった歌留多は、鬼太郎を殺しに来る。つまり、歌留多が鬼太郎の命を盗みに来るのである。また、歌留多が「涙を盗む」（109）とか

「想いでを盗む」というのは修辞的で詩的な表現である。さて、歌留多は鬼太郎に自分が「生まれ変わり」だと話す。

「あたしは生まれた日に死んだのです」(111)
「歌留多ではない藤しまです」(111)
「死んだ藤しまの青い歌留多の四枚目」(111)
「葬儀屋の娘じゃない、産婆の娘の藤しまだ！」(112)

上記の歌留多の説明は、つまり歌留多と藤しまとは、よく見ると、二人はいわば命の入り口と出口のように繋がっている。例えば、職業から見ると、二人は、産婆（生）と葬儀（死）で繋がっている。いいかえれば、二人は生と死で繋がっているのである。エリアーデが言っているように、種が地上に落ちて死んでやがて芽を出して再生する。またオルフェウスの神話やイザナギとイザナミの日本神話に描かれているように、生と死は繋がっている。そうして、オルフェウスの妻エウリディケとイザナミは冥界にいるが、死んで膠着していなくて天界のオルフェウスとイザナギと繋がっているのである。

けれども鬼太郎は歌留多を地上に連れ戻す事が出来ない。逆に歌留多が鬼太郎を「刺して殺す」(113)。さて、『まんだら』では死者のチサがこの世に戻ってこようとするが死に神の東京の男1・男2に殺される。ところが『花札伝綺』では、鬼太郎は死後膠着した死体とならないで冥界で歌留多と母のおはかと愛し合う。また鬼太郎とおはかのラブシーン (114) では性が逆転して鬼太郎が女に母のおはかが男に変わっている。この墓場の密会は子宮回帰と関係がある様に思われる。つまりアントナン・アルトーの『ヴァン・ゴッホ』論によると、母と子供の最初のセクシャルな関係は、子供が子宮を通って出てくるときに結ばれるという。[6] 更に、アルトーの『ヘリオガバルス　または戴冠せるアナーキスト』によれば子はその父と母から生まれ、両親からは男の子と女の子が生まれる。そのように考えてゆけば、寺山はアルトーから暗示を受けて性を逆転して描いたとしてもおかしくない事になる。

しかも、鬼太郎が冥界に降りてから葬儀屋の団十郎と激しい戦いとなる。ちょうどクリストファー・ノーランの『インセプション』(2010)ではドム・コブは夢を介して死んだ妻モールに会いにエレベーターに乗って冥界に降りて行く。すると忽ち夢の中の自分が本物なのか現実の自分が本物か分からなくなる。そして一体現実と夢とどちらが本物なのかという疑問が生じる。寺山の『花札伝綺』は、現実と"未知の国"の境目が曖昧になっていく。

「みんな死人ばかりになってしまうと、死人の実存ってやつあ、生きてるやつと同じ事になってしまう」(117)

と、そのように団十郎は言う。おまけに、鬼太郎は、冥界に堕ちても益々盗みを働く。少年には歌留多が帰ってこない(117)。というのは、鬼太郎が歌留多を少年から盗んだのである。団十郎は母の指輪を盗まれる。(119)更に、妻のおはかも盗まれる。

また『花札伝綺』の舞台に現れる人は死んだ人ばかりである。さて、例えば、寺山は『さらば映画よ』で映像は死者の隠れ場所と言っている。[7]舞台も殆ど死んだ人が蘇って出てくる。

あれは日露戦争で死んだ男だ。(118)

舞台を歩いているのは死者ばかりである。従って、寺山は団十郎を通して断言する。

死んでないやつが一人でもいたか? (118)

棺桶の死体を除いて映画や舞台に登場する人間は何年も前に死んだが生者と同じ様に生活している。しかも、逆説的にみると、鬼太郎は死んだので、もはや消す事が出来ない。つまり寺山の実験映画『消しゴム』のように、ま

るで、消しゴムで姿を消し去ったかのように、鬼太郎はいない。

  髭の男爵 あいつを消す事は出来ない。
      あいつは死んでしまったのだから！（120）
  団十郎 生が終われば死も終る。（121）

 つまり、鬼太郎が生きていれば殺す事が出来るが、一旦死んだものを二度殺す事が出来ない。或いは死は人間が考え出した虚構の世界である。寺山は鬼太郎を描くとき、エッシャーの『描く手』を想起したのかもしれない。『描く手』は存在に対する不信感を掻き立てる。

  団十郎 誰かが生きているふりをすればいい（121）

 と、そんな風に団十郎は言う。もっとも、映画や演劇では、死んだ人も死んだ人としてではなく、生きているふりをして、舞台で生きている。その滑稽さを寺山は描いている。冒頭の「近代」の地獄絵とまったく同じ時間の中を、影がかすめて

  按摩の笛 見たか？　今のが墓場の鬼太郎だ！（122）

 このラストシーンを聞いて観客は、当然『花札伝綺』の冒頭の台詞と同じ事に気が付き、現実だと信じていたあのファースト・シーンは一体なんだったのかという疑問が起こる。
 とはいえ、この振り出しに戻るところは、天野氏の『真夜中』の"振り出しに戻る"と似ている。ポアンカレ予想のように、宇宙が丸いとすれば、宇宙の彼方、未知の国へ行っても振り出しに戻る事になる。つまり、鬼太郎は死んで未知の国へ行っても、その未知の国は地球である事を暗示しているかもしれない。

しかし、地球に戻るまでには無限の時間を想定しなければならない事も事実だ。或いは、安藤紘平氏が『アインシュタインは黄昏の向こうからやってくる』で暗示しているように、観客がスクリーンという異空間に一旦入ってしまったら、そこから抜け出す事は出来なくて、そこで住むようになる。そこには死んだ父や母もいる。その場合、墓は、スクリーンという事になる。しかも、寺山が指摘しているように、死者は生者と同じ様に生活しているのである。

3 『真夜中の弥次さん喜多さん』

天野天街氏の『真夜中』に出てくる、弥次と喜多の関係は、寺山の『さらば映画よ』（ファン篇）に登場する中年男性二人の関係を想い起こさせる。元々寺山の『さらば映画よ』（ファン篇）は永井荷風の作とされる『四畳半襖の下張』をカリカチャーしたものである。

「０」シーンで、ヤジが、ト書を読むように、台詞にして話す。これは、ちょうど、寺山の『奴婢訓』で、キャストがト書を台詞として話すのと似ている。[8]

夢の中で、キタが「ケシゴム」(115)になるのは、寺山の実験映画『消しゴム』を想起させる。森崎偏陸氏によれば、寺山は消しゴムを集めるのが趣味だったという。

また、『真夜中』で言葉が意味も無く噴出しとめどもなく流れるさまは、ジョイスが意識の流れのスタイルで描いた『ユリシーズ』の言葉の横溢を感じさせる。

さて、『真夜中』の「リアル」(118)とは一体何なのか。例えば、キタの望むリアルは、江戸の非現実的な生活の対極にあるようだ。ヤジとキタはそれを求めて旅に出る。

だが、キタは、内緒で麻薬（ドラッグ）を飲む。(118)キタは幻覚が生じるように服用するのだが、それは江戸の非現実的な日常を超えたリアルな生

活を求めたからである。

　幻覚症状で「キタの手が箒になる」(121)。やがて、「トンカチとホーキ消える。」(122)

　これはドラッグによる副作用である。寺山の『書を捨てよ、町へ出よう』にも、マリファナを吸う場面がある。だが、薬を飲んで、しかも、飲みすぎると死ぬ。つまり、旅は死への旅立ちでもある。それを、天野氏は「タビ」から「死」へと文字を解体して構築していく。

　「1」シーンで、ヤジがキタと口論になり自暴自棄になって、ヤジがすねて「フンダ」(127)と言う。すると、罵りの言葉「フンダ」が、足で床を「踏む」と雨が「降り出した」に掛かっていく。雨が降ると、ヤジとキタが宿に閉じ込められ閉塞状況が生まれる。こうして、ヤジが「フンダ」と言って、「振り出し」に戻るパターンで、同じシーンが何度も繰り返される。

　次いで、水さしを横にし、ヤジが「フンダ」というと、水さしが起きあがる。(130)この時点で、この芝居は夢の世界を描いている事が分かってくる。

　続いて、ヤジが「フンダ」というと、キタは、また、元に戻るカラクリを知って、死んでも、また、この世に戻る事が出来るのではないかと考え、それを実行する。

　　キタは、舌を噛み切り、三途の川を渡る。(131)

　ところが、ヤジがキタに取りすがり好きだといっても、キタが取り合わないので、ヤジはすねて「フンダ」(131)と言ってしまう。すると、死んだ筈のキタがこの世に戻ってくる。こうして、このドラマのカラクリは、また一種の夢から目覚めた夢芝居となっている。

　そこでキタは「死後の世界を見て帰って来られるゼ」(132)といって、また舌を噛み切る。

　ハムレットは「未知の国からどんな旅人も帰ってきたことのない」と語っている。少なくとも、天野氏はハムレットの"未知の国"へ行っても帰って

来られるカラクリをドラマにしたのである。ここに、天野の"未知の国"に対する脱構築が見られる。

　キタはヤジに「ユビは何本だい」(138)と聞く。一方、キタの手はスルメになっている。これは幻覚である。天野氏は"未知の国"からこの世への帰還にLSDを用いている。

　「2」シーンでは、ヤジが「ちっとも前に進めねえ」(141)という。この一種の停滞はサミュエル・ベケットの『ゴドーを待ちながら』を思い出す。しかも、意味のない事を延々と喋り続けるところもベケットの芝居と類似している。別役実氏の芝居はベケットに似ているが、天野氏の『真夜中』は、言葉の崩壊が徹底され、しかも意味が全くなくなっていく。

　こうして、雨のため、ヤジキタは宿に7日間足止めをくらっている。(141)
　やがて、「タビ」の説明が加わる。(142)「タビ」という文字の上に一本線を引くと「死」になる。つまり、「タビ」は「死」を表す。「タビ」→「死」を天野氏は文字の解体で劇化している。

　時代は、江戸時代の設定だが、携帯電話が出てくる。(142)

　「こーめにみえねくれえのちっちゃな飛脚がわんさとでてきてよ」(142)

と、キタは、アヴァンギャルドな表現をする。更に、無意味な言葉を連発すると、一種の文字変換を起こす。キタが「クスリ」を連発すると、「リスク」(144)に言葉が変換する。

　或いは、ヤジとキタがごちゃ混ぜになる。(145)劇の冒頭では、ヤジとキタがホモセクシャルな関係を表していた。しかし、場面「2」の時点で、キタはヤジが作り上げた幻影で、本物のキタはどこかに行ってしまった事が判明する。また、『真夜中』のドラマ構造は、ある意味でハロルド・ピンターの『昔の日々』に出てくるケイトとアナの関係に似通っている。お房とヤジキタの三角関係はヤジキタがお房を排除し、漸く、ヤジキタの旅が始まる。一方、アナとケイト夫婦の三角関係は逆にアナの排除によって夫婦仲が戻っ

て終わる。[9]

　本物のキタは「七日前からいない」(146) という。幻影のキタはヤジがクスリをやっていると摘発する。すると幻覚の中でヤジはキタに「オメエは、オイラの「キタさんへの想い」が作った幻なんだ〔よ〕」(146) と言う。この時点で本物のキタは不在であることが分かるのである。

　幻覚から巨大なうどんが一本上手の障子から出てくる。(145) 次いでヤジとキタは注文した架空のうどんを食べる。(146) 恐らくうどんはヤジの空腹が募りうどんが夢になって現われたと思われる。こうしてうどんは空腹と「物忘れが悪い」と繋がってくように思われる。

　キタが「物忘れが悪い」と言って台本を出して見る (147)。そこでヤジが「それやっちゃおしまいだゼ」と非難する。ところが、キタが (147)「オメェがつくった幻影」と台本に「書いてある」という。実は、この場面は、寺山が『青ひげ公の城』で、少女が舞台裏に入って来て舞台監督と話す言葉も、既に、台本に既に書いてあるという一節と似ている。

　やがてキタにはヤジが見えなくなる。(148) キタの頭が、五面の立方体になっている (148)。

　これは、イヨネスコの『犀』の変身を思わせる。『犀』では、人間が消え、人間は動物の犀に変身するが、キタは動物でなく観音様に変身している。

「立方体は消えている。」(149)

　この場面は映画『アンダルシアの犬』の中でスクリーンに今までいた人が突然消えるのと似ている。『田園に死す』では鞍馬天狗がスクリーンに映っていたのが溶暗して消えてなくなる。

　キタは「オメェがヒトリでバタバタやってただけだろうが」(149) と説明する。

　次いでキタとヤジが「あれ何」をする。それが、舞台の照明器具、観客の顔だったりする。これは芝居の虚構の世界の解体である。このシーンは寺山

の『田園に死す』のラストシーンでセットが解体し新宿の街が剥き出しになる設定と似ている。或いは、川崎雄三の『幕末太陽傳』や今村昌平の『人間蒸発』のセットの解体を想起させる。

「3」のシーンで、本物のうどんの出前が来て前の場面と同じ場面を繰り返す。また「ハナシカ」(152)や「台本を出してみる」(152)や「かいてある」(153)の場面が繰り返される。或いは、キタによく似たダミーが消えた後、舞台には幻影はなくなる。するとヤジはリアルなものを求めてステージから実際リアルなものがある事を求めようとする。舞台の出来事が夢の世界ではない事実である証を求める。しかし、これも前の場面の繰り返しである。

ここで、舞台の後ろの壁に貼ってあった「タビ」の文字の上に一本線を引くと「死」に変換する。(156)つまり、「タビ」は「死」を表しているのである。こうして、「タビ」→「死」となる。

ここのところで、突然キタが包丁をもって、ヤジに、「お房と切れるか自分と死ぬか」と迫る。(156)こうして、包丁は「タビ」の上に引いた一本の線を象徴している事が分かる。キタはヤジがお房と切れる事が分かると包丁が消える。(157)ところがお房は三途の川の向こう岸にいる。だから、お房はずっと以前から死んでいた事になる。ちょうど、この場面は、『インセプション』でコブの妻モールは死んでいるが、まるで生きているようにコブを苦しめ続けるのと似ている。

しかし、ヤジが「行くべきか、留まるべきか」と独白する。これは、ハムレットが「行くべきか、留まるべきか」(To be or not to be)の独白をコラージュしたものである事が分かる。

こうして、死は避けられ旅が始まる。しかし二人の旅はレジャーではなく日常世界を捨てる出家僧の修行の旅を明確に表していく。

続いて「梅雨（つゆ）」とうどんの「汁（つゆ）」が掛け言葉になっていて、キタが汁を飲み干すと「汁」が無くなり、「梅雨」も終わる。意味が「なく」夏が来るの場面で、蝉が「ミーン」と鳴く。意味が「ミーン」で、「なく」

でミーンと蝉が「意味もなく」鳴く。同時に、状況は「もう時間がない。」(158) そこへ『リアルの女』の前奏が聞こえてくる。この曲は『夢のテーマ』である。けれども、二人は、夢で終わりたくないと考える。しかし、二人は「ラストシーンみたい」と自覚する。すると「終」がプロジェクターで映されて、キタがいなくなる。

ところが、ここで、ヤジの腕がうどんのように長く伸びる。(159)

こうしてうどんのような腕が伸びて、その舞台端にいるキタのうどんのような腕と繋がっていく。つまり、二人は腕と腕とが繋がっているのである。そこでヤジは次のようにと自問する。

いねえのは…ひょっとして…キタさんじゃなくて、おいらじゃねえのか？…（160）

このように、「伊勢」(162)に行くのは宿の滞在も終わりに繋がる合図だ、そこで、「終」(162)の文字が投影される。二人が後ろを向き向こうに歩いていくと、裏方が出て来てセットをかたす。

　　キタ　おわったら、またすぐにはじまんのよ。オイラたちゃ…ただ…
　　　　　あっちからきて…こっちにいくだけさ…（162）

二人の背後に障子に二人のシルエットが浮かぶ。こうして、二人が障子をあけて中に入り障子を閉めると、障子に二人の「カゲ」が映る。障子が向こうにパタリと倒れると、二人は居ない。

観客は、舞台の初めから終わりまで、二人がいるものと信じて芝居を見てきたが、結末になって舞台に誰もいない事を思い知らされるのである。

4　まとめ

　天野天街氏と寺山の劇作を見ていると先ず厳密には似ていない事に気が付く。寺山は詩人で、詩は悲劇を表している。しかし寺山の詩を天野氏の台詞と較べると天野氏は寺山よりも軽くて俗っぽい。だがそれだけ天野氏の方が自由自在である。実はこの相違点が障害となって、逆説的ではあるが、天野氏と寺山が案外似ている事に気がつかないのである。

　例えば、寺山は『怪人二十面相』の明智小五郎や小林少年を自作の『盲人書簡』に使った。明らかに寺山は1960年代に流行った少年少女の小説やコミックのテクニックをドラマに利用した。いっぽう、天野氏の場合は2000年代以後の原作のしりあがり寿氏の漫画の手法をドラマに取り入れていた。天野氏は「死」のテーマを扱いながらどこかで、しりあがり氏の悪戯を使っている。それで、深刻なテーマもそれほど気が滅入らないで済む。

　天野氏の盟友小熊ヒデジ氏は『怪人二十面相』をドラマ化して上演したが大変上手く出来た芝居であった。だが、寺山も江戸川乱歩も過去の人であり天野氏やしりあがり氏のように存命の作家で2010年代の今をときめくアーテイストであるのとは異なる。1960年代の視聴者は『怪人二十面相』やアニメやラジオドラマに胸ときめかせて見聞き入った。寺山がこの現象を見逃すはずはなかった。しかし、半世紀後このような現象はもはや存在しない。いっぽう、しりあがり氏のアニメに多くの人達が現在影響されている。天野氏は『真夜中』で死のテーマを展開しているが、しりあがり氏のコミカルな笑いがちょうど深刻なテーマとちょうど具合よくミックスしているのである。しかも、かえってそのために、天野氏が寺山と似ている点があるのを見落としてしまうのではないだろうか。

　ところで、シェイクスピアを通して、寺山と天野氏のドラマを較べて見ると見えてくるものがある。殊に『花札伝綺』や『真夜中の弥次さん喜多さん』を英訳してみると、寺山の『花札伝綺』は、シェイクスピアの『マクベス』

の"良いは悪いで、悪いは良い"の二枚舌と深い関係があり、天野氏の『真夜中の弥次さん喜多さん』は、ハムレットの「いくべきか、いかざるべきか」の問いを"未知の国"の観点から読み解くことが出来るのである。

　寺山も天野氏もシェイクスピアがハムレットを通して、この世とあの世が繋がっていると考えていたところに類似点がある。しかし、天野氏はあの世とこの世の往復を考えたのに対し、寺山は、あの世の果てにこの世があると考えていたようだ。

　ハムレットは「未知の国からどんな旅人も帰ってきたことのない」と言ったが、しかし「未知の国」は決して遠い昔の物語ではない。近年ではデュシャンが「死ぬのはいつも他人ばかり」と言って、誰も自分の死を見たものはないと言った。寺山も天野氏もシェイクスピアが投げかけて「生と死」の狭間に挟まれながら、生と死のからくりを熟視しているのである。

　馬場駿吉氏は、レオナルド・ダ・ヴィンチの解剖素描とモナリザの絵画との違いを今度はミクロと現実の世界の相違としてとらえた。21世紀の科学者である馬場氏は、「生と死」の狭間にあるミクロとマクロとの間をつなぐ中継点を身体を介してとらえようとしている。

注
1 ）*The Complete Works of William Shakespeare* (Spring Books, 1972), p.960. 以下、同著の引用は頁のみを記す。
2 ）寺山修司『赤札伝綺』（『寺山修司の戯曲』第 4 巻、思潮社、1984）111頁。以下同著の引用は頁のみを記す。
3 ）天野天街『真夜中の弥次さん喜多さん』（『テアトロ』、No. 746. 2001.2）127頁。以下同著の引用は頁のみを記す。
4 ）寺山修司『青ひげ公の城』（『寺山修司の戯曲』第 9 巻、思潮社、1987）68頁。
5 ）Gregoire, Francois, *L'AU-DEL À* (Que sais-je? Universitaires de France, 1957), p.15.
6 ）Artaud, Antonin, *Van Gogh le Suicidé de la Société* (Gallimard, 2001), p.75.
7 ）寺山修司『さらば映画よ』（『寺山修司の戯曲』第 1 巻、思潮社、1969）21頁。
8 ）寺山修司『奴婢訓』（『寺山修司の戯曲』第 5 巻、思潮社、1987）68頁。
9 ）Pinter, Harold, *Complete Works : Four* (Grove Press, 1981), 67-8頁。

参考文献

パンフレット『天井桟敷』特集　花札伝綺　（天井桟敷、1967）
DUCHAMP, Marcel & CARROUGES Michel, *LES MACHINES CÉLIBATAIRES* (EDITION ORIGINALE, 1954)
Redon, Odilon, *a soi-meme journal (1867-1915) notes sur la vie l'* (the EBook version (.pdf format) of the 1922 edition.)
XENAKIS, Iannis, *Music and Architecture* (Pendragon Press, Hillsdale, Ny 2008 First Edition. Hardback. No Dustjacket., 2008)
Beckett, Samuel, *En attendant Godot* (Les Editions de Minuit, 1952)
Beckett, Samuel, *Waiting for Godot* (Faber and Faber, 1965)
Samuel Beckett The *Complete Dramatic Works* (Faber and Faber, 1990)
Three Novels Samuel by Beckett Molloy Malone Dies The Unnamable Translated by Patrick Bowles (Grove Press, Inc. 1965)
Cronin, Anthony, *Samuel Beckett The Last Modernist* (Harper Collins Publishers, 1997)
Zurbrugg, Nicholas, *Beckett and Proust* (Colin Smythe Barnes and Noble Books, 1988)
Samuel Beckett Now Edited by Melvin J. Friedman (Chicago U.P., 1975)
James Knowlson & John Pilling, *Frescoes of the Skull : The Later Prose & Drama of Samuel Beckett* (Grove Press, Inc. 1980)
Kalb, Jonathan, *Beckett in Performance* (Cambridge U.P., 1991)
Doherty, Francis, *Samuel Beckett* (Hutchinson University Library, 1971)
Alvarez, A., *Beckett* (Fontana Collins, 1973)
Josephine Jacobsen & William R. Mueller, *The Testament of Samuel Beckett* (A Dramabook, 1964)
Core, Richard, N., *Beckett* (Oliver & Boyd, 1964)
A Samuel Beckett Reader Edited by John Calder (The New English Library Limited, 1967)
Modern Critical Interpretations Samuel Beckett's Waiting for Godot Edited by Harold Bloom (Chelsea House Publishers, 1987)
File on Beckett Compiled by Virginia Cooke (A Methuen Paperback, 1985)
Matsuo, Bashô, *On Love and Barley* Translated from the Japanese with an introduction by Lucien (Stryk University of Hawaii Press, 1985)
The Monkey's straw raincoat and other poetry of the Basho school Introduced and translated by Earl Miner and Hiroko Odagiri (Princeton University Press, 1981)
A haiku journey, Basho's The narrow road to the far north and selected haiku

Translated and introduced by Dorothy Britton (Kodansha International, 1974)
Raynham, Alex, *Leonardo da Vinci* (Factfiles Oxford U.P., 2013)
Clarke, Georgia, *Leonardo da Vinci* (Penguin Active Reading, 2010)
Karen Ball & Rosie Dickins, *Leonardo da Vinci* (Usborne Publishing Ltd., 2007)
Nicholl, Charles, *Leonardo da Vinci Flights of the Mind* (Viking, 2004)
Leonardo da Vinci Codices Madrid Iwanami 1975
『加納光於1960-1992』全3冊（'60-92 prints, '80-91 paintings, Catalogue raisonné & documents）、（小沢書店、1992）
『加納光於』（南画廊、1967）
『加納光於の芸術』（『水声通信』No. 8.、水声社、2006.6）
加納光於「さながら血管樹に蔽われた雷雲よ」（『雷鳴の頸飾り－瀧口修造に』書肆山田、1979）
「特集　加納光於色彩の光芒1954-1992」（『版画芸術』76、阿部出版、1992）
加納光於、大岡信「アララットの船あるいは空の蜜」「素具・方晶引力」（『版画芸術』77、阿部出版、1992）
「特集2　加納光於最新作」（『版画芸術』49、阿部出版、1985）
『加納光於《形象を押しのけて》（ギャルリー東京ユマニテ、2001.11.5-11.24）
『加納光於《身を起こした蛇のために》（ギャルリー東京ユマニテ、1998.11.14）
『加納光於〈燐と花と〉（ギャルリー東京ユマニテ、1999.1.11-1.30）
『加納光於　《胸壁にて》－1980』（アキライケダギャラリー東京　名古屋、1980－11.1-29）
『加納光於－油彩』（アキライケダギャラリー東京、1982-10.4-30）
『加納光於 PAINTINGS' 80-83』（北九州市立美術館、1983）
『加納光於　《振りまわす巣房の下で》《その雲形の》』（ギャラリーユマニテ東京、1994）
『加納光於　語りえぬもののための変容』（小沢書店、1981）
『特集　加納光於』（Poetica 臨時増刊　小沢書店、1992.4）
『加納光於「骨の鏡」あるいは色彩のミラージュ』（愛知県美術館、2000.9.15-11.5）
『「色彩」としてのスフィンクス－加納光於 KANO mitsuo 1960-1992』（セゾン美術館、1993）
『加納光於《稲妻捕り》Elements』（書肆山田、1978）
『加納光於』（『加納光於展』バルール画廊、1978.3.27-4.15）
『加納光於色身－未だ視ぬ波頭よ2013』（神奈川県立美術館鎌倉、2013.9.14-12.1）
『加納光於1977-1987版画《強い水－夢のパピルス》』（品川文化振興事業団 O 美術館、1988.11）
『加納光於展 MIRROR、33』（南画廊、1965.3.16-27）

加納光於、大岡信「〈アララットの船あるいは空の蜜〉」(『美術手帖』美術出版社、1972.3)
加納光於「アーク・オーロラの分光に屹立して」(『美術手帖』美術出版社、1969.5)
加納光於「私のデッサン・私のメモワール」(『美術手帖』美術出版社、1964.3)
加納光於「オマージュ澁澤龍彥　八ヶ岳高原にて」(『澁澤龍彥をもとめて』美術出版社、1994)
加納光於「オマージュ澁澤龍彥　八ヶ岳高原にて」(「追悼澁澤龍彥」『みづゑ』No.945.、美術出版社、1987)
加納光於、菊池信義「対話」世界を捲る「書物」あるいは「版画」(『現代詩手帖』思潮社、1987.3)
加納光於「現代版画の危機」(『みづゑ』No.964.、美術出版社、1962.12)
大岡信『加納光於論』(書肆風の薔薇、1982)
大岡信「現代作家論　加納光於」(『qq』7.、qq 出版、1974)
大岡信「加納光於個展」(「月評」『美術手帖』美術出版社、1965.5)
『マルチプル・ショー　デュシャンからリキテンスタインへ』(町田市立国際版画美術館、2005)
齊藤一郎「古都に集う音と言葉」(『月刊なごや愛知・岐阜・三重』第390号北白川書房、2015.3)
松浦之能 (世阿弥/著、古典保存会事務所、1928)
能勢朝次著作集 (能勢朝次著作集編集委員会/編、思文閣出版、1985)
安宅 (桧書店、1940)
馬場駿吉『加納光於とともに』(書肆山田、2015.7)
馬場駿吉『断面』(昭森社、1964)
馬場駿吉『点』創刊号 (1965)、2号 (1966)、3号 (1967)、6号 (1976)
馬場駿吉「特集－荒川修作」(アールヴィヴァン1号、1980)
馬場駿吉「幾何学的抽象の極北から吹く風の中で－ヴァザルリ展に寄せて－」(『GALERIE VALEUR』、1976)
馬場駿吉「愛知曼荼羅から東松照明曼荼羅へ」(『愛知曼荼羅－東松照明の原風景』、2006)
馬場駿吉『時の諸相』(水声社、2004)
馬場駿吉『海馬の夢』(深夜叢書刊、1999)
馬場駿吉『液晶の虹彩』(書肆山田、1984)
馬場駿吉『耳海岸』(書肆山田、2006)
馬場駿吉『句集　夢中夢』(星雲社、1984)
馬場駿吉『星形の言葉を求めて』(風媒社、2010)

馬場駿吉『澁澤龍彦西洋芸術論集成』下、解説（河出文庫、2010）
馬場駿吉『感染症21世紀耳鼻咽喉科領域の臨床』19（中山書店、2000）
馬場駿吉『駒井哲郎展　第17回オマージュの瀧口修造』（佐谷画廊、1997）
馬場駿吉「世界をからめとるものとしての色彩－加納光於に」（『加納光於胸壁にて－1980』、アキライケダギャラリー、1980）
馬場駿吉「ブーメランの獲物たちのために」（『加納光於－油彩』アキライケダ、1982）
馬場駿吉「万物の海としての補遺－岡崎和郎の作品に触れて」（『岡崎和郎展』倉敷市立美術館、1997）
馬場駿吉『サイクロラマの木霊　名古屋発・芸術時評1994〜1998』（小沢書店、1998）
馬場駿吉「コレクターとしての二つの原則－私の蒐集40年の歩みをふり返って－」（『版画芸術』、2003）
馬場駿吉「一俳人のコレクションによる駒井哲郎銅版画展〜イメージと言葉の共振〜」（名古屋ボストン美術館、2008）
馬場駿吉「集積燦惨アルマン Accumulation 論」『Accumulation Arman』（GALERIE VALEUR, 1978）
馬場駿吉「翼あるいは熱狂の色彩－加納光於展に－」（『加納光於 GALERIE VALEUR, 1978』）
馬場駿吉「見えるものから観念への逆探知－ジャスパー・ジョーンズ・レッド・レリーフ展に－」（『Lead Reliefs Jasper Johns』GALERIE VALEUR, 1978）
馬場駿吉『薔薇色地獄』（湯川書房、1976）
馬場駿吉「方寸のポテンシャル」（『洪水』第七号、2011.1.1）
馬場駿吉瀧口修造残像「方寸のポテンシャル2」（『洪水』第八号、spiralvews 2011.7.1）
馬場駿吉瀧口修造残像2「方寸のポテンシャル3」（『洪水』第九号、2012.1.1）
馬場駿吉瀧口修造残像3拾遺「方寸のポテンシャル4」（『洪水』第十一号、2013.1.1）
馬場駿吉「ギャラリスト西岡務を追憶して」（『REAR』リア制作室、2013）、26-27頁。
馬場駿吉「慢性副鼻腔炎における嫌気性菌に関する臨床的ならびに実験的研究」（名士大医誌、20巻4号、1970）、800頁-853頁。
武満徹『ひとつの音に世界を聞く　武満徹対談集』（晶文社、1975）
武満徹『樹の鏡、草原の鏡』（新潮社、1975）
武満徹『音楽の余白から……』（新潮社、1980）
高橋悠治『きっかけの音楽』（みすず書房、2009）

高橋悠治『カフカノート』（みすず書房、2011）
高橋悠治『音の静寂静寂の音』（平凡社、2008）
高橋悠治『高橋悠治コレクション1970年代』（平凡社、2004）
高橋悠治『ことばをもって音をたちきれ』（晶文社、1974）
高橋悠治『たたかう音楽』（晶文社、1986）
高橋悠治『音楽のおしえ』（晶文社、1990）
高橋悠治対談選　小沼純一編（ちくま学芸文庫、2010/5/10）
クセナキス、ヤニス『音楽と建築』高橋悠治訳（全音楽譜出版社、1976）
ルドン、オデイロン『自作を語る画文集夢の中で』藤田尊潮訳（八坂書房、2013）
ルドン、オデイロン『私自身に』池辺一郎訳（みすず書房、2014）
高橋悠治、一柳彗、武満徹（音楽）勅使河原宏監督、安部公房原作『おとし穴』(1962) ポニーキャニオン、2002
武満徹（音楽）勅使河原宏監督、安部公房原作『砂の女』(1964) ポニーキャニオン、2002
武満徹（音楽）勅使河原宏監督、安部公房原作『他人の顔』(1966) ポニーキャニオン、2002
武満徹（音楽）勅使河原宏監督、安部公房原作『燃えつきた地図』(1968) ポニーキャニオン、2002
武満徹（音楽）勅使河原宏監督、ジョン・ネースン脚本・共同『サマー・ソルジャー』(1972) ポニーキャニオン、2002
勅使河原宏監督短編集『北斎、いけばな、命、東京1958、ホゼー・トレスⅠ・Ⅱ、白い朝、動く彫刻ジャン・ティンゲリー』(1968) ポニーキャニオン、2002

著者紹介

清水義和（しみず　よしかず）　序にかえて、3、4、5、6、7、8章執筆
　　愛知学院大学教養部教授

赤塚麻里（あかつか　まり）　1、4章執筆
　　名古屋外国語大学非常勤講師

清水杏奴（しみず　あんぬ）　2、8章執筆
　　名古屋学芸大学メディア造形学部映像メディア学科助手

身体とメディア
（BODY AND MEDIA）

2016年4月20日　初版発行

著　者　清水義和
　　　　赤塚麻里
　　　　清水杏奴
発行者　鈴木康一

発行所　株式会社　文化書房博文社
〒112-0015　東京都文京区目白台1－9－9
電話03(3947)2034　振替00180-9-86955
URL:http://user.net-web.ne.jp/bunka/
編集　天野企画

ISBN978-4-8301-1286-7　C3074　　印刷・製本　昭和情報プロセス株式会社